「結局、何が言いたいの？」と言われない 一生使える「1分で伝わる」技術

1分トークコンサルタント 沖本るり子

大和出版

はじめに

「伝えたつもり」なのに空回りしてしまうあなたへ

――うわぁ、頭の中が真っ白！――

急に上司やお客様から質問をされ、冷や汗が出て、どう答えたらよいのかわからなくなったことはありませんか？

何を言えばいいのだろうか？　と頭の中はぐるぐる回り、焦って話がまとまらず、胸はドキドキ、心臓はいまにも口から飛び出しそうな状況です。

そして、しどろもどろになりながらも、あれもこれもと話を盛り込み一生懸命伝えたのに、相手からは、こんな一言が……。

「え？　結局、何が言いたいの？」

「話が長いねー」

——え〜、どうして！

一生懸命話せば話すほど「結局、何が言いたいの？」と言われるばかり。

こんな状況、避けて通れるものなら避けたい！

申し遅れましたが、私、1分トークコンサルタントの沖本るり子と申します。

会社員の伝え方の悩みを解決すべく「話を1分以内にまとめる」を合言葉に全国で研修や講演を行っています。大学の社会人向けプログラムでも講師を務め、最近では日本だけでなく台湾政府主催の講演会にも登壇いたしました。

今でこそテレビで〝プレゼンの達人〟などと紹介されることもある私ですが、最初から「伝えること」が得意だったのかというと……まったく逆。

冒頭の「結局、何が言いたいの？」と言われてばかりというのは、私の話です。

上司や取引先に言いたいことをうまく伝えられず、仕事で失敗ばかりの20代を過ごしてきた私。

そんな私だからこそ、どんなに伝え下手な人でも使える、再現性のある方法をお伝えすることができるのです。

ところで、あなたはどうしてこの本を手に取ってくださったのでしょうか。

中には、「これまでたくさん伝え方の本を読んできたけど、効果がなかった」「本を読んで納得しても、実際の場ではできなかった」という方もいらっしゃるのではないでしょうか。

でも、もう大丈夫！

本書で紹介する方法なら、「伝えるスキル」が劇的に上がり、人間関係を円滑にし、仕事の成果を上げ、よい評価や報酬にもつなげることができます。

どうしてそう言い切れるのかというと、実際のビジネスの場で、本当に役立つ方法だけを厳選して紹介しているからです。

よくある司会者やアナウンサーの話し方の本では、「抑揚をつけて話しましょう」とか「腹式呼吸で声を出して話しましょう」などと言われていますよね。

でも、これって本当に、実際の仕事の場で求められていることでしょうか？

上司も部下も忙しく動き回っている毎日。きれいな声で丁寧に話さなくていいから、大事な要素だけを簡潔に伝えてほしいと、みんな心の中で思っているはずです。

つまり、本当に現場で使えるのは、いきなり意見を求められたり、上司に話しかけられたりしたときのような、とっさのシーンでこそ使える方法。

そして、その方法の肝となるのが「1分で伝える」ということなのです。

ここで、その方法の一部を紹介すると……

- 何を話すか最初に宣言すれば、相手をイライラさせない
- プライドの高い上司には、「偉人の言葉」を借用する
- ちょっと厚かましい「前提条件」を設ければ、断られない

一見「どういうこと？」と思われたかもしれませんが、ご安心を。詳しくは本文でお話ししていきますが、誰でも真似できる簡単なものばかりです。

実際にこれらのコツを講座で教えたところ、

- 忙しいと言って話を聞いてくれなかった上司が、メモまでとって私の話を聞いてくれるようになって、感激です！
- 昇格試験の面談で、教えてもらった伝え方をしたら、課長に昇進できました！
- 沖本さんの伝え方を真似したら、たった３ヵ月で、歩合制の月給が「１００万円がたまにある程度↓３５０万円以上が毎月確実」に激変しました！

と、大反響。続々と感謝のコメントをいただくようになりました。

こんな、仕事も人間関係も劇的に変わる「伝え方」、知りたいと思いませんか？
それではさっそく、今日から現場で使える、本当に役立つコツをあなたにお話ししていくことにしましょう。

１分トークコンサルタント　沖本るり子

一生使える「1分で伝わる」技術　目次

第2章 すぐに相手の「Yes」を引き出す伝え方

第3章 誰とでも一瞬で距離が縮まる伝え方

第4章

短時間でスルッと人を動かす伝え方

ブックデザイン／三森健太（JUNGLE）　イラスト／SHIMA　DTP／美創

序　章

しっかり
伝えようとして、
ついだらだら
話していませんか？

「伝えたつもり」がキケンな理由

一生懸命にあれこれ話したのに――「結局、何が言いたいの？」

「伝えたつもりです」――「聞いてない」

「言いました」――「言われていない」

こんなふうに、伝えたつもりでも相手に伝わっていなくて困った経験、ありませんか？

そもそも、「伝える側」と「聞く側」の解釈の違いは、どういう理由でうまれるのでしょうか？

多くの場合、言わなくてもわかるだろうという「伝える側」の「聞く側」に対する**聞く力の過信や期待**からです。

人はみな、人生で体験してきたことが違いますから、価値観や前提条件が異なります。ですから、あなたが頭の中で考えていることや思いは、伝えなければ他の人にはわかりません。

では、ちょっとここであなたにお願いがあります。

「まず、Ａ４サイズの紙１枚とペンを用意してください。
そして、そのＡ４サイズの紙に円を１つ描いてください」

さて、どのようにできましたか？
私が描いてほしかったのはこんな感じ。

私がイメージしていた円

オレンジ色で描かれた直径６㎝の円

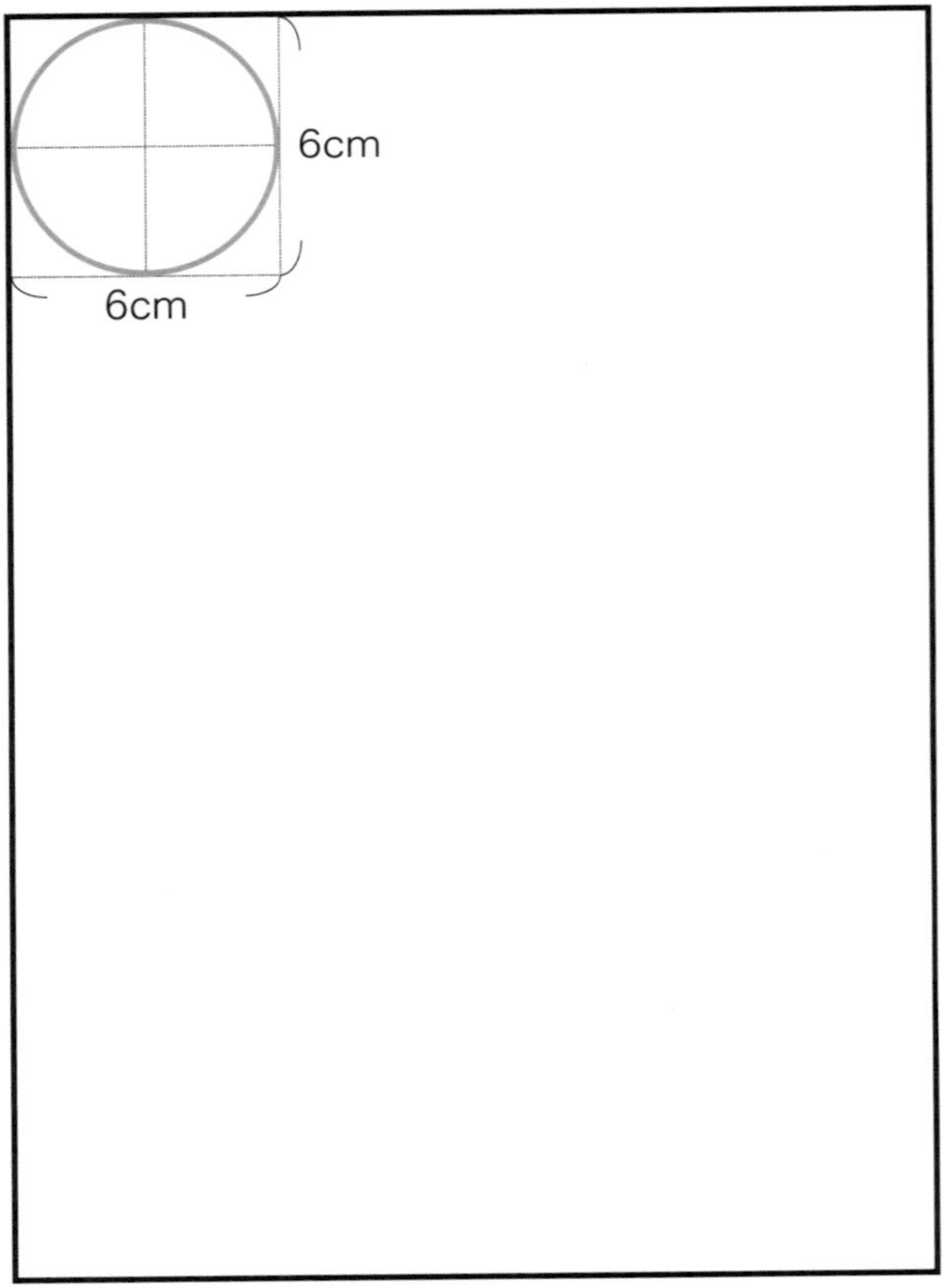

自分で描いたものと見比べてみて、どうでしょう？

円の大きさ、位置や色は同じでしたか？


私が描いてほしかった通りになっている可能性は、０に等しいかもしれませんね。


話が短いのはとってもよいことです。

しかし、先ほどの私の伝え方では、最低限必要な情報――円の大きさと描く位置、そして円の色さえも、聞き手には正確に伝わっていなかったのです。


今回、どこの位置に円を描こうかと迷ったり、相手に質問ができなかったので仕方がなかったと思っている人は、聞く力が高い方です。

しかし、多くの人は、「ペンを用意してください」と言われただけで、勝手に黒色だと思い込むのです。

円を迷うことなくど真ん中に、さらには、可能な限りめいっぱい大きな円を描いた人もいることでしょう。

これが仕事で、何かを伝える場面だったらどうでしょうか？

大きな損害が発生することになるかもしれませんね。

例えば、単価２万円のものを10台仕入れたつもりが、１００台の製品が送られてきたらびっくりですよね。

ところが、仕入れ先は卸業のためセット売りで、１セットは10台入りです。あれこれと長々話した挙句、「数量10でお願いします」なんて伝え方をしたとしたら、仕入れ先が10セットだと解釈しても不思議はありません。

人命に関わる医療関係や交通関係だったらと思うと、ぞっとしませんか？

高額な損害賠償だけではすまないくらい大変なことになりますよね。

「伝えたつもりで伝わらない」というのは、実はとても危険なことなのです。

「1分以内」が絶対！

では、このような解釈違いが起きないためにはどうしたらいいでしょうか？

相手に話を聞いてもらい動いてほしいと思うならば、1分以内で、かつ必要最低限の要素を伝えることです。

実際、私の講座で、

「あなたが人の話を聞くとき、1分、3分、5分だと何分がいいですか？」

と聞くと、9割以上の人が1分と答えます。

というのも、最近は特にLINEやチャットで、感情や状況をスタンプ1つで伝えることができるので、長い話をすることにも聞くことにも慣れていないのです。

例えば、10名参加の2時間の飲み会で、自己紹介をする場面を想像してください。

1人が5分話したとしたら、50分も自己紹介に時間を費やすことになります。すると3人目あたりで、参加者は話を聞くのにうんざりとしていることでしょう。人によっては、自分のことを知ってほしいと意気込むあまり、あれもこれもと多くのことを伝えようとして、だらだら話が長くなり、次第に自分でも何を話しているのかわからなくなることもあります。

これでは逆効果です。

何が言いたいのかわからないようなだらだらした話は、聞く側にとって、**途中を省いたり勘違いしたりして、都合のよいまとめ方になってしまいます。**

そのため、聞く側が話をまとめるのではなく、伝える側が話をまとめ、相手との解釈違いが起きないようにする必要があります。

とっさのときは、「枠」に頼る

さきほど、伝える側が話をまとめるのが大事とお伝えしましたが、そうはいっても、ビジネスではとっさに伝えなければいけない場面が多いですよね。

会議中、「今の意見についてどう思う？」と話をふられたり、事前にばっちり準備したプレゼンテーションで、聴講者から思いがけない質問をされることだってあるでしょう。

このようなとっさに話さなくてはいけない場面でうまく伝えるには、一体どうしたらいいのでしょうか？


そんなときに頼りになるのが、「枠」なのです。

とっさに伝える場面では、あらかじめ整理整頓された枠の中に、考えながら言葉を当てはめていくと、聞き手にとってわかりやすい話をすることができます。

試しに、枠を使わずに話した場合と、枠を使った場合で見比べてみましょう。

「最近は、20代にもすごく評判がよくて、一度はパーティ会場としても使ってみたいよねーと同僚たちともよく話してるんですが、駅からもすごく近くて便利だし、雨降っても濡れないし、会社からも近いので、よく知らない場所じゃないし、みなさん道に迷うこともないかなと思いますが、ただ、そんな人気で場所もよいのでちょっとお高めです。でもこの前チラシをもらったので見たら、オープンして3周年ってことでまだきれいでしょうし、キャンペーンをやってるので3割引きになってたから、決起会の日も割引対象期間中なのでお得で、予算内なので大丈夫です。それで、とてもすごいのが20代が選ぶホテル会場トップテンにも入っています。3位で人気なのですごくよい会場です。だから、ASTROホテルがいいと思います」

よい理由を思いつくだけ一生懸命たくさん言っているようですが、まとまりもなく何を言っているのかわかりませんよね？

ここで**「2・3個法」**という枠を使うと、こんな感じです。

「私が推薦する決起会会場は、ＡＳＴＲＯホテルです。その理由は３つ。１つめは、立地。２つめは、価格。３つめは、評判です。１つめの立地は、最寄駅から徒歩１分、会社からも６分という近さです。２つめの価格は、ホテル開設３周年キャンペーンで３割安く予算内です。３つめの評判は、20代が選ぶホテル会場トップテンで3位の人気です。以上、立地、価格、評判という３つの理由で、私が推薦する決起会会場は、ＡＳＴＲＯホテルです」

どうでしょうか？

かなり要点がまとまってスッキリとよくなったと思いませんか？

枠を使うだけで、伝える側も聞く側もわかりやすく、要点が印象に残りやすいと

いうメリットがあるのです。

そこで本書では、ぜひ覚えておいてほしい４つの枠を、各章ごとに１つずつご紹介していきます。

第１章では、お互いの解釈の違いをなくす、伝え方の基礎を習得していきます。

ここで使う枠は、「**2、3個法**」。あれこれたくさん話したい方も、スッキリ要点をまとめることができる方法です。

第２章では、説得ではなく納得を意識した伝え方を学びます。

ここで使う枠は、「**両面法**」。特に、やたらと反対してくる人の賛成を得たい場面で使う方法です。

第３章では、あれこれ多くを語らずに、あなたの好感度が向上する伝え方を学びます。

ここで使う枠は、「**結果法**」。相手のやる気を高めたい場面で使う方法です。

第４章では、周囲がみずから動いてくれることを目指しましょう。

ここで使う枠は、「**なぜなら法**」。具体例で相手が効果的に想像しやすい方法です。

こう書くと一見難しそうですが、大丈夫。

「え、こんなことでいいの？」と言ってしまうような簡単な方法ばかりです。

それではさっそく、第１章へ進みましょう！

COLUMN

伝え方ひとつで「値引き交渉」もうまくいく!

実は、本書でご紹介する方法は、7割以上が金銭授受の場面、つまり買い物に行った先で学んだものです。

これは私が20代のころ、大阪日本橋の電器店での出来事です。

「この価格、もう少しなんとか…なりません…か?」と勇気をだして切り出したものの、あっさりと「できひん」と断られ、撃沈。

レジを済ませ、うなだれながら数歩進んだところで、私の後ろに並んでいた男性の声が聞こえました。

「●●円以下なら買うで」……と。

え? と振り向くと、私は断られたのに、その方は交渉成立。値引きしてもらっていたのです!

遠まわしで遠慮気味な言い方より、具体的な数字で堂々と希望の金額を提示することが大事なのだと気づいた瞬間でした。

これを他店で試してみたところ、今度はばっちり値引きしてもらえて大満足。

こんなふうに、失敗したら改善し、うまくいったらそのまま別の場面でもやってみることです。これからお伝えするコツも、公私問わずどんどん試して、技術を磨いていきましょう!

第1章

パッと理解してもらえる説明の仕方

case 1

話してる途中で、相手をイライラさせてしまう

× あるあるやりがち例

部下「課長！　この前の天気が急に悪くなった大雨の日を覚えてますか？　あの日、周辺でイベントがあったせいで私たちの運営しているレストランもかなり混んでいて、入り口では並んで待っている人も10名くらいいたんです。そんな混雑しているのに、この料理には何が入っているのかと、食材を質問してこられたお客様がいらっしゃったんですよー」

課長「クレームでもあったの？」

部下「いえ、そうじゃなくて……。細かい食材のことなどわからないから困って、メニュー管理者に確認したんですよ。そしたら、また別の料理でも聞かれ……。それで、お客様にもわかるようにメニュー表に食材を記載することを提案したいです」

課長「なんだ、提案か。最初にそう言ってくれよ……」

method 1

これから何を話すか、最初に宣言する

話がわからないと言われる人は、時系列でだらだらと思いつきで話をしてしまっていることが大半です。

右のやりがち例の場合、課長の立場で部下の話を聞いていたとしたら、最初は天気の話題だと思うでしょう。

すると、聞き手の脳は、天気から連想した自分事の内容の情景が浮かんできやすくなります。

「そういえばあの雨の日、外に洗濯物を出しっぱなしで来てしまったから、家に帰ってまた洗濯し直したんだった。今日も天気がちょっと怪しいし、予報見ておけばよかったかな～」

「あの日、お昼からあったかくなると思って薄着してきて失敗したから、今日は1

枚カーデガンを持ってきてよかったわ」

「あの雨のとき傘を持っていたから、濡れずにすんでよかったな」

といったように、連想された情景が邪魔をして、聞き手はその先の話に集中しづらいのです。

今回、課長はクレームがあったと解釈して途中で確認しましたが、確認せずにクレームだと思い込んだまま、話を聞いてしまう場合もあります。

そして、関係のない話に気を取られて、肝心の提案の内容をスルーしてしまうかもしれません。

最後まで話を聞いたとしても、たいていの場合「何が言いたいのだろう？」と、話し手に対してストレスを感じているでしょう。

そんなストレスを感じイライラしている状態では、本来ならば歓迎されるような提案であったとしても、よい扱いを受けられません。

実際、私が行っている研修の場で「話し手のどんな伝え方にストレスを感じるか」を聞くと、「何が言いたいのかわからないこと」と答える方が圧倒的に多いのです。

ですから、話すときには「何が言いたいのか」を最初に一文で宣言しましょう。

このときの一文は、たくさん言いたいことがある中で、最も優先したい一文です。

もし、「一文だけしか伝えてはいけない」と言われたと想像して、最優先すべき箇所はどこなのか、考えてみてください。

それが提案なのか、報告なのか、相談なのか……。

「一番大事な話は何なのか」を最初に一文で宣言することで、聞き手は、それ以降の内容も宣言に関連した内容として聞いてくれます。

「課長！　料理の食材をお客様にもわかるようにしたく、提案があります」

この一文が最初にあるだけで、課長はそれ以降の話もこの提案に関する話だと思って聞いてくれるのです。

「何が言いたいか」を最初の一文で伝えることで、「結局、何が言いたいの？」とは思われませんし、言われません。

おみごと参考例

部下「課長！　料理の食材をお客様にもわかるようにしたく、提案があります。

天気が急に悪くなった大雨の日を覚えてますか？

周辺でイベントがあったせいで私たちの運営するレストランもかなり混んでいて、入り口では並んで待っている人も10名くらいいたんです。そんな混雑しているのに、この料理には何が入っているのかと、食材を質問してこられたお客様がいらっしゃったんですよー。細かい食材のことなどわからないから困ってしまい、メニュー管理者に確認したんですよ。そしたら、また別の料理でも聞かれ……。それで、食材をお客様にもわかるようにメニュー表に記載することを提案したいです」

Point

「最初の一文」に勝負をかける

case
2 「え？　なんの話？」といつも聞き返される

× あるあるやりがち例

課長「他に、何か意見がある人は？」

部下**「はい、課長！　料理の食材をお客様にもわかるようにしたくて、食物アレルギーがあるお客様を不安にさせないようにしたいです」**

課長「え？　何？　不安？」

method 2

聞く心構えをつくってあげる

前の項目でお伝えしたように、何が言いたいかを一文で宣言している点は、とてもすばらしいです。

ですが、一文の伝え方をもう少し工夫するだけで、さらに相手に伝わりやすくなります。

というのも、いきなり話をしても、聞き手が他のことを考えていたとしたらどうでしょうか？

話をボールに置き換えて想像してください。

いきなりボールを投げられて、瞬時に受け止められる人がどれくらいいるでしょう。

もし私だったら、ボールを受け止めきれずに体に当たって、ころころ他の場所へ転がっていく……、なんてことになりそうです。

あるいは、ついボールを避けてしまい、遠くに転がっていってしまうかもしれません。

会話も同様です。

相手が話を聞く心構えができるように、こんなふうに結論から伝えてみましょう。

「はい、課長！　**提案は、**料理の食材をお客様にもわかるようにすることです」

「提案は」と言われると、聞き手は、これ以降の話を「提案」の内容だと思って聞くことができます。

短い一文であったとしても、こうして「これから何について聞けばよいのか」聞き手の心構えをつくってあげることが重要なのです。

例えば、「山口です」と言われた場合、名前なのか住所なのか、出身なのか不明です。

そこで、「**名前は、**」と最初に伝えることで、「次に出てくる話の内容は、名前のことなんだな」と心構えができるのです。

「**出身は、**」と最初に伝えることで「次に出てくる話の内容は、出身のことなんだな」と出身の話題として話を聞こうとする心構えができます。

つまり、一文の中にも話の結論があり、結論から伝えることで、これから何を伝えようとしているのか相手もわかるので、そのつもりで聞くことができるのです。

「お願いは、」「報告は、」「理由は、」「根拠は、」「サイズは、」……といったように、一文でも結論から伝えることです。

聞き手がぼーっとしているときでも、一瞬で話を聞く心構えができるように、ぜひ伝え方を工夫してみましょう。

「聞く心構え」ができる　一文の伝え方

△ 「え？何？」と聞き返されてしまう
いまーつな伝え方

メニューの食材をお客様にもわかるようにしたくて、食物アレルギーがあるお客様を不安にさせないようにしたいです。

もっとわかりやすく
ブラッシュアップ！

一文の結論

提案は、

メニューの食材をお客様にもわかるようにすることです。

一文を工夫すると、
ぐんと伝わりやすくなる!

おみごと参考例

部下「はい、課長！　提案は、料理の食材をお客様にもわかるようにすることです。
理由は、食物アレルギーがあるお客様を不安にさせないようにしたいからです」

Point

一文でも「結論から言う」が正解

case

3

「何が言いたいのかわからない」と言われる

✕ あるあるやりがち例

「夏休みは9月に取得する予定で、有給休暇も含めて10日間で、安価で近場なところと考えて韓国へ8日間行ってこようと思ってるので、今、韓国のどこに行こうかと調べてるんですよ」

method

3

「接続詞は一度まで」と決めてしまおう

「〜で」「〜ですが」「〜なので」「〜が」などの接続詞を一文にして連呼すると、聞き手は耳につく接続詞に意識がいってしまい、話の内容が頭に入りにくくなります。

おもしろいもので、一度「〜で」を使うと、その一文が「〜で」ばかりになる人もいます。

これがクセになると、だらだらと話が続き、自分では気がつかずに一文が長くなってしまうのです。

これまで見てきた中で、「話が長い」「何が言いたいのかわからない」と思う人に共通するのが、「接続詞の多用」です。

テレビのコメンテーターやインタビューに答えている有名人の中にも、一文が長い人が大変多くいます。

話を聞きやすくするために、一文で接続詞を多用しないように心がけましょう。**接続詞を多用するのがクセになってしまっている人は、「一文で1回まで」と自分に禁止令を出しておきましょう。**

おみごと参考例

「夏休みは9月に取得する予定で、有給休暇も含めて10日間です。安価で近場なところと考えて韓国へ8日間行ってこようと思ってるので、今、韓国のどこに行こうかと調べてるんですよ」

Point

「〜で」を多用しそうになったら、「す」をつけていったん終わらせよう

case

4 なぜか、最後まで話を聞いてもらえない

✕ あるあるやりがち例

「はじめまして！　え～、石黒奈穂美といって、岡山県出身で、会社員で、入社1年目で、総務部に所属していて、映画と料理が好きで、練馬区に住んでいて、最近はダンスにも興味があって、スポーツは苦手ですがちょっと体験したくて今日は参加しましたのでよろしくお願いします」

method

4 一文で言いたいことは1つに絞る

自己紹介のときに、このように話が途切れることもなく続く人に遭遇したことがありませんか？

文字にするとよくわかりますが、話が全部つながっていて、一文が長いです。

たしかに、内容はすべて自己紹介について言っているので脱線はしていません。

ですが、この調子で、5分や10分話を聞かされる身になってください。

最初の10秒くらいは音として耳に入ってきますが、次第に頭の中に話の内容が入ってこなくなります。

集中して話を聞かないといけないと思えば思うほど疲れてしまい、頭の中に残りません。

食べ放題のバイキングを想像してください。

1枚のお皿に、カレー、焼きそば、野菜サラダを盛ってください。

さらに、味噌汁、だし巻き卵、おむすび、メロンとパイナップルに杏仁豆腐やイチゴのショートケーキも盛りましょう。

そのお皿に盛られた料理を手渡されたらどんな気分でしょうか？

それより、一つひとつの料理をそれぞれお皿に分けて盛られたほうが、見た目もよく、おいしそうで、より食べたくなりませんか？

話も同様で、聞き手が聞きやすいように、内容によって一つひとつを区切ってみましょう。

例えば、名前を言いたいのであれば、名前だけの一文、好きなことを言いたいのなら好きなことだけを一文にします。

あるいは、出身だけで一文でもいいし、出身と住居を1つにまとめてもいいです。

「岡山県出身。練馬区に住んでいます」

「岡山県出身で練馬区に住んでいます」

という具合に、短くしましょう。

○

おみごと参考例

「はじめまして！　え～、石黒奈穂美といいます。岡山県出身で練馬区に住んでいます。入社1年目の会社員で総務部に所属しています。映画と料理が好きです。最近はダンスにも興味があります。スポーツは苦手ですが、ちょっと体験したくて今日は参加しました。よろしくお願いします」

Point

内容を一つひとつ小分けにしよう

case

5 さっき言ったのに、すぐ忘れられてしまう

✕ あるあるやりがち例

新人「新製品説明会の準備は、何からやればいいですか?」

先輩「最初にパンフレットとアンケート用紙、ペンの総数を確認し、各3種で1セットをつくってから封入ね！　封筒に入れたら、封はしないで。それから、200セットを各テーブルに置くだけ。僕が入社したころはミスってしまって、無駄に時間を費やし課長にくどくど叱られたよ。簡単な作業なのに大目玉くらったから、いまだに宴会のときにねちねち言われるんだよ」

method

5

大事なことは、最初と最後で2回言う

この作業のあと、新人さんは課長から叱られました。

封入が終わるころにパンフレットが1部あまり、アンケート用紙が3部不足していることがわかったのです。

結局、先輩と同じミスをしたため無駄に時間を費やす羽目になったのでした。

簡単な作業、しかも先輩は自分と同じミスをさせないようにしっかり説明したのにも関わらず、です。先輩は、伝え方をどう改善したらよいのでしょうか？

「最初にパンフレットとアンケート用紙、ペンの総数を確認し、各3種で1セットをつくってから

封入ね！」

と、この先輩が一番大事なこと、つまり結論から最初に伝えている点は、すばらしいです。

私たち人間は忘れる動物です。

自慢ではありませんが、私は人の話を聞いていて30秒前のことでも忘れている場合が多々あり、「え〜っと、何でしたっけ？　もう一度お願いします」と聞くことがよくあります。

私が仕事上で関わった方々も、今説明したばかりなのに、話を覚えていないということがよくありました。

つまり、聞き手は話を長々と聞いているうちに、最初の話を忘れている可能性があるということです。

そこで、最後に最初と同じことをもう一度伝えるのです。

おみごと参考例

先輩「最初にパンフレットとアンケート用紙、ペンの総数を確認し、各3種で1セットをつくってから封入ね！　封筒に入れたら、封はしないで。それから、200セットを各テーブルに置くだけ。僕が入社したころはミスってしまって、無駄に時間を費やし課長にくどくど叱られたよ。簡単な作業なのに大目玉くらったから、いまだに宴会のときにねちねち言われるんだよ。だから、最初に全種の総数を確認し、セットをつくってから封入してね！」

Point

人は30秒前のことでも忘れてしまうと心得よ

case

6

「いきなりの質問」にしどろもどろ……

✕ あるあるやりがち例

課長「打ち合わせには間に合ったのかな？」

部下 **「今日は、雨で渋滞があったら困ると思ったので、いつもより早めに出かけたんですよ。でも、途中電車の遅延で客先まで間に合いそうもなく……、タクシーなら間に合うと思いタクシー乗り場まで走ったのですが、タクシー乗り場は行列でした」**

課長「で？　間に合わなかったのか？」

部下「いえ、そこに運よく営業２課の同期の山内の車が通って、ランチをおごる約束をして乗せてもらえたので、打ち合わせには間に合いました」

method

6

質問に的確に答える秘訣

先に自分が知りたい答えが聞けないとイライラするものです。
このようにイライラさせる答え方をする人は、質問力が低い人に多いのです。
質問に対しての答え方を把握し、相手の質問をよく聞き分けてから答えましょう。

質問には、次のように大きく分けて2つの種類があります。

閉鎖型……あなたは、ミカンが好きですか？

開放型……あなたの好きな果物は何ですか？

※他にも、「ミカンとメロン、どっちが好きですか？」といった「選択型」もあります。

「打ち合わせには間に合ったのか」という質問は、閉鎖型で、「はい」か「いいえ」で

最初に答える必要があります。

今回は、間に合っているので答え方は「はい」です。

ただし、聞き手に勘違いが生じないためには、答え方として「はい。打ち合わせには間に合いました」と答えるとより伝わりやすくなります。

「打ち合わせには間に合わなかったのか」の質問の場合だと「いいえ」となります。

「いいえ。打ち合わせには間に合いました」と答えたほうが無難です。

〇 おみごと参考例

部下「はい！　打ち合わせは間に合いました」

これだけで充分です。

少し話を追加してみようと思う場合は、相手の質問に答えたあとに仕事や職場に関係する内容だけ少し語ってください。
部下「はい！　打ち合わせは間に合いました。運よく営業2課の同期の山内の車が通って、ランチをおごる約束をして乗せてもらえたので」

Point

まずは焦らず質問の種類を聞き分けよう

case 7

ちゃんと指示を出したのに、相手が失敗

✕ あるあるやりがち例

同僚A「プレゼントキャンペーンの封入準備として、小さめな箱は少なめにつくって、長いリボンを多めに買っておいてね。それらは、大きな段ボールに入れてしばらく保管してくれる？」

同僚B「うん、時間があるときにやっておくね」

method

7 同じ物差しを使ってズレ防止！

このように伝えた場合、あとでもめること間違いなしと言っても過言ではありません。

なぜなら、聞き手は自分の頭で、自分なりの定規で解釈をしているからです。

そのため、「こんなに小さい箱のつもりじゃなかったのに」とか「もっと長いリボンが必要だったのに」などと無駄に費用と労力がかかってしまうこと請け合いです。

あなたは、大きめ、小さめという大きさをどれくらいの寸法（サイズ）だと想像しましたか？

また、多め、少なめの量はどれくらいですか？

長い、短いという長さも、重い、軽いという重さも、あなたの基準と私の基準は同じでしょうか？

「しばらくお待ちください」の「しばらく」という時間も、ある人は1分くらい、ある人は5分くらい、さらに、10日間や1ヵ月という場合もあるでしょう。

つまり、自分と他の人の物差しが違うのです。

そこで、共通になる物差しを使うと、お互いの解釈のズレが縮まり便利です。

昔の私の話ですが、ある飲食店で「ご飯を少しおかわり」と言ったら、お茶碗いっぱいにサービスされました。

おかわりした手前残せず、無理して完食し吐きそうなくらい苦しかったことがあります。

その日から、おかわりは、このお茶碗に2/3とか1/2と数値化させて言うようになりました。

「●●に比べて縦横とも10㎝長い」とか、「前回の使用数より3割少なめ」とか、「売り上げ額の30％の紹介料」、というように、誰もが同じ結果で測定できることが大事です。

ちなみに「前回の使用数より3割少なめ」と伝えるより、当然具体的な数字を言うほうがよいのですが、そうなると前回の数字を調べなければなりません。
前回との比較を相手に知ってもらいたいときや自分で調べるより相手に調べてもらいたいときは、割合で伝えるようにしてみましょう。

おみごと参考例

同僚A「プレゼントキャンペーンの封入準備として、15cm立方体の箱は前回の使用数より3割少なめの数をつくり、幅2cm長さ25cmのリボンを30本買っておいてね。それらは、170サイズの段ボールに入れて来月末まで保管してくれる?」

Point

誰もが同じ解釈ができるように数値化しよう

case

8 なんだか話が噛み合わない……

✕ あるあるやりがち例

「アテンドする件はリスケになったよ。別のクライアントからこの前出した資料のエビデンスを出せと言われて。課長から、レスポンス遅いとまずいから担当者に会って説明するのがマストだと言われたので、今からアポとりだよ」

method

8

「カタカナ語禁止令」で話してみる

こんなセリフが一見、かっこいいビジネス語！　と思うのかもしれませんが、私は「海外在住が長くて日本語を使うのは久しぶり?」と言いたくなってしまいます。カタカナ語の意味が確実に相手に通じればよいのですが、疑わしさ100%です。

日本語でどういう意味かと尋ねてみると、話し手と聞き手で違う答えになることが99%だと言っても過言ではありません。

例えば、「コミュニケーション」とは日本語でどういう意味でしょう?

試しに、同じ部署のAさんとBさんに、あるいは、A部署とB部署の人、さらに、同じ業界のA社とB社の人に聞いてみてください。

研修中に質問すると「よい人間関係……」「意思疎通……」「双方向?」というふうに、みなさん自信がなさそうで、出てくる言葉もまちまちです。

そのため、特に仕事上では、言葉の解釈が相手と自分で違わないように、わかりやすい日本語を使用しましょう。

もしどうしてもカタカナ語を使用したいのなら、「○○とは、●●という意味でお話しします」と定義して、最初に伝えておきましょう。

なお、仕事の打ち合わせなどで、カタカナ語や専門用語、業界用語を使われた場合、**「○○とはどういう意味で使われていますか？念のため解釈のすりあわせです」**と確認をしておくこともおすすめです。

「○○とはどういう意味ですか？」という聞き方をすると「なんだ、こいつ。○○の意味もわからないのか」と思われるので、質問の仕方には気を付けましょう。

ちなみに、カタカナ語をどういう意味で使っているのか尋ね、1時間後に再度意味を尋ねると、違う答えになっていることもあるので、要注意です。

○

おみごと参考例

「同行の件は日程再調整になったよ。別の顧客からこの前出した資料の根拠を出せと言われて。課長から、返事が遅いとまずいから担当者に会って説明するのが絶対しないといけない仕事だと言われたので、今から会う約束をとるよ」

Point

カタカナ語、専門用語、業界用語は日本語に置き換える

case 9

言いたいことがありすぎてまとまらない

✕ あるあるやりがち例

「最近はスーツもきつくて、健診のときにもメタボを指摘されてしまったので、今年度の個人目標は無駄な脂肪を落とした健康的な体づくりがあり、それで、通勤途中にあるトレーニングジムに通うことにしました。スーツの買い替えもしなくてすむようにしたいし。

さらに入社前からの目標だった海外事業部配属を目指して英会話も上達させたいと考えて、オンライン講座を受けようかと思ってます。会社の補助金もあると聞いたので利用しない手はないかなと思いました。他の語学も学びたいとは思ってますが、まずは英会話。

それから、この前も社内プレゼンでダメ出しをいっぱいされたパワーポイント資料づくりですが、なんとかしろとアドバイスも受けたから、みなさんに教わって学ぶつもりです」

method

9 整理整頓できる「2、3個法」

やる気いっぱいに意気込むのはよいのですが、相手にしっかり伝えようと思うあまり、あれもこれもとたくさん話そうとしてしまいます。

そのため、だらだらとまとまりがなく、長くなりがちです。

また、思いついた順であれこれとてんこ盛りに伝えるため、聞く側が話を整理整頓しなくてはなりません。

ぐちゃぐちゃの他人の話を整理するのは大変疲れる作業ですから、聞き手の都合のいい解釈になり、途中を省く可能性もあります。

したがって、聞き手に話を整理整頓させるのではなく、話し手が、話したいことを整理整頓して聞き手に伝えましょう。

もちろん、事前に話を準備できればよいのです。

しかし、いきなり話を振られたりするようなとっさの場面では、事前に話の整理整頓をするのは無理ですから、話しながらすることが求められます。

そこで、あらかじめ枠を用意しておき、その枠の中に、考えながら言葉を入れていくことをおすすめします。

その1つに、**2、3個法**という枠があります。次の3つのステップで使ってみましょう。

ステップ① 内容の数を最初に伝える

聞き手はどれくらいの量の話を聞けばよいのか、最初に伝えます。

「今年度の個人目標は、3つあります」

もし10個くらい話すのなら、最初に10個あると伝えれば、10個聞くのだという聞く側の心構えができます。

ただ、聞き手はこれから10個も聞くのかと思うと気が遠くなり、最初から聞く気が失せます。

心理学的に考えるとたいていは、3つくらいが聞ける限界と言われています。

「ホップ、ステップ、ジャンプ」とか「うまい、安い、早い」「赤、青、黄色」のように3つが聞きやすく記憶に残りやすいのです。

そこで、言いたいことが複数ある場合、多くても3つまでにとどめるようにしましょう。

「この商品の特徴は、3つです」

「問題点は、3つです」

「今日の報告が、3つあります」

すると聞き手は、これから3つ聞けばいいんだなと、先が見えることで安心して話を聞けるのです。

ステップ② 単語で話して、単語で刺す

次は、その3つの内容を、単語で伝えます。

「1つめは、体。2つめは、英会話。3つめは、パワーポイントです」

なお、このときの単語は、あえて先の話の内容がよくわからないものにするのがコツです。

多くの人は文章で長々と伝えることが多いのですが、最初に単語で伝えることにより、もっと詳しく知りたいという関心をもたせるのが狙いです。

これは、本で例えるならば目次の部分にあたります。目次をパラっとめくったときに面白そうな単語が目に入ったら、中身をじっくり読んでみたくなりますよね。

しかし、いくら単語にしましょうと言っても、文章にしがちなので要注意です。例えば、「健康的な体づくり」と言ってしまうと、この時点で意味がわかったと思われて、その先の話への関心が低くなります。

一方で、「体」とだけ言った場合、何だろう？　どういう意味？　とその先の話に興味が湧いて、前のめりで聞こうと意識が変わるのです。

さらに、短い単語のため、脳に刺さりやすく記憶に残りやすいというのもポイントです。文章では長くなってしまい、脳に残らず忘れられてしまうのです。

ステップ③　単語を1つずつ詳細説明

3つの単語で興味をもたせてから、1つずつ単語の説明に入りましょう。

「**1つめの体は、**」と単語を伝えて「健康的な体づくりのためトレーニングジム通いをすることにしました」と説明。

「**2つめの英会話は、**」と単語を伝えて「オンライン講座を受けようかと思ってます」と説明。

「**3つめのパワーポイントは、**」と単語を伝えて「資料づくりをなんとかしろとアドバイスを受けたので、みなさんに教わって学ぶつもりです」と説明します。

そして仕上げに、52ページでお伝えした「最初と最後で同じ内容を2回伝える」ワザを使いましょう。

ここで単語を再度伝えることで、聞き手は各単語を合計3回聞くことになり、より一層脳に残りやすくなるのです。

そして、「今年度の個人目標といたしました」とまとめることで、聞き手に何の話をしたかを思い出させるのです。

〇 おみごと参考例

「今年度の個人目標は、3つあります。1つめは、体。2つめは、英会話。3つめは、パワーポイント。

1つめの体は、健康的な体づくりのためトレーニングジム通いをすることにしました。2つめの英会話は、オンライン講座を受けようかと思ってます。3つめのパワーポイントは、資料づくりをなんとかしろとアドバイスを受けたので、みなさんに教わって学ぶつもりです。

以上、体、英会話、パワーポイントの3つを今年度の個人目標といたしました」

Point

あれこれとたくさんの話をしたいときは、枠を使う

第 2 章

すぐに
相手の「Yes」を
引き出す伝え方

case 10

お願い事がいつも断られてしまう

✕ あるあるやりがち例

後輩「先輩、来週の金曜日の朝10時からなんですが●●会社へ同行営業していただけませんか？」

先輩「あ～、ごめん。ちょっと忙しくて」

method 10

ちょっと厚かましい「前提条件」で誘導する

56ページでお伝えしたように、質問には、大きく分けて**閉鎖型質問と開放型質問**の2つの種類があります。

開放型質問は、いつ、どこで、だれが、何を、どのように、などの質問です。

右の例の「同行営業していただけませんか?」というのは閉鎖型質問ですので、聞き手は、同行営業「する」か「しない」かで考えます。

本当に予定があり都合が悪い場合のお断りもあれば、たとえ時間があってもお断りしたいという場合もあります。

ということは、逆にいえば、自分が誘う側だとしたら、相手に断られやすい伝え方だということです。

そこで相手が断りにくくするために、厚かましく同行はしていただけるものと前提して誘ってみることです。

これは、プライベートでも多く使えます。

「今度の土曜日映画行かない？」と誘うと、相手がたとえ暇でも「先約があるのでごめん。行けない」と断られやすいのです。

「映画はいつ一緒に行こうか？」

と、映画には一緒に行くものという前提での開放型質問のほうが「忙しいので」とは断られません。

開放型質問の「いつ？」であれば、3ヵ月後だろうと3年後だろうと予定が埋まっているという理由では断られないのです。

というのも、人生ずっと先まで予定を入れている人はそうそういませんから、断られるとするならば、別の理由になります。

「映画は嫌いです」とか「あなたとは行きたくありません」という断られ方になるか

もしれませんが、なかなか言いにくい理由なので断られる確率は低くなるでしょう。

○

おみごと参考例

後輩「先輩、●●会社への同行営業はいつがよろしいでしょうか？」

Point

開放型質問なら、断られる確率がぐっと下がる

case

11 相手が迷わず即決してくれる方法って？

× あるあるやりがち例

新人 **「店内をいろいろご覧になったようですね。キャンペーン企画で使用されるということですが、どの景品がよろしいでしょうか？」**

顧客「う〜ん、迷うね。すぐに決めきれないし、景品を使用したキャンペーン企画は保留ということで……」

method 11

選択肢は「3つ」がいい

候補が数えきれないくらいあると、さんざん迷い、悩み、時間をかけた挙句に「決めきれないから、やぁーめた」と言われてしまうことがあります。

考えるのが好きな人とそうでない人がいますが、実際には後者が多く、特に、あまりこだわりのない分野だと、考えることが面倒になってしまいがちです。

そこで、相手の心理的負担にならないよう、ある程度考えるお手伝いをして伝えましょう。

その方法は、3つ候補を出してあげることです。

選択肢が1つだと、○か×でどちらも50％ずつになってしまい、決断に時間がかかります。

2つの選択肢も同様、どちらも50％ずつで迷ってしまうため、**3つ候補を出すとなんとか優先順位をつけて選びやすくなります。**

例えば、上司から「大きな契約が取れたお祝いに、みんなにケーキをおごってあげるから、人数分買ってきて」と言われたとしましょう。

職場の全員に、希望するケーキの種類を聞いて回るのは時間がかかります。

「イチゴのショートケーキ、モンブラン、チーズケーキのどれがいいですか？」

こうすると、聞かれたほうも選択肢が何もない中から考えるよりも楽になり、3つの中から選んだ自己責任で満足感が高まります。

もし、あなたにイチオシがあるなら、他の候補はかなり格下げした候補にするとよいでしょう。

あるお客様の話ですが、イベントでマイボトルの店頭販売を行ったときのことです。「どれがいいですか？」と言っていたときは夕方の閉店まで完売しなかったというのです。

ところが「AとBとCのどれがいいですか？」と提案するようにしたところ、午後2時には完売になったのです。

選択肢を絞るだけで、こんなにも違うものかと驚いておられました。

おみごと参考例

新人「景品の候補として3つご用意いたしました。ロゴ入りマグカップ。文字入れスポーツタオル。社長の似顔絵入り記念切手。どれがよろしいでしょうか？」

Point

あえて選択肢を絞って提案する

case

12 どうやったらプライドの高い上司を説得できる?

✕ あるあるやりがち例

新人「これまでは、この手法でよかったかもしれませんが、メンバーも増えたし慣れるのも時間がかかりそうだからやり方を変えませんか」

主任「これまで特に問題もないから、変える必要はないよ。すぐ慣れるからこのままでいいよ」

method 12

偉人の言葉を借用する

年齢が上になればなるほど変化を避け、保守的になる傾向があります。

私は、昔から同じことをし続けることがどうも苦手で、さらに業務の流れなどを工夫するのが好きなため、業務改善や業務改革を推進しておりました。

ところが、長年の流れを変えたくないという人が多く、さらに長年勤務していた者は、私のような目下の者からの提案など聞く耳もたずで、なかなかうまく改善改革が進みませんでした。

たしかに、自分よりも年下からこれまでの手法を変えようと言われて、はいそうですかとは、自尊心（プライド）がなかなか許さないでしょう。

そこであるとき、偉業をなしとげた有名人が言っていた言葉を参考に伝えてみたら、すんなり賛成してもらえるようになったのです。

相手は、偉人の話を否定するほどの偉人ではない（失礼でごめんなさい）ので納得して聞いてくれる可能性が大です。

おみごと参考例

新人「メンバーも増えたので新しい手法に変えて効率を上げたいです。誰もがご存じのあのスティーブ・ジョブズが言った『何かを捨てないと前に進めない』という有名な言葉があるように、これまでの手法を捨て、前に進んでみませんか？」

Point

「誰もがご存じの」で、相手は知ったかぶりで納得しがち

case

13 どうしても、自分のわがままを通したい

✕ あるあるやりがち例

新人**「このプリンターを私の机の横に置いていいですか？　そうすると印刷のたびにあっちまでいちいち行かなくてすむから効率がいいんですけどね」**

主任「他の人が遠くなって不便でしょ。自分が動きなさいよ（自分勝手な人ね）」

method 13

相手にとってどうよいかを伝える

以前、弊社へ飛び込み営業で来た新人らしき人がいました。夕方までに名刺を50枚持って帰らないと上司に叱られるから、名刺をくれというのです。

たかが1枚くらいの名刺と思いますか？　名刺1枚にも費用がかかっています。

初対面の相手に、どういう理由で大事な名刺を渡す必要があるのでしょうか。

この営業さんにとってのいいことばかりで、私には何の得もありません。

このように自分のメリットだけを伝える人が非常に多いのですが、相手も自分にとっていいことがなければ動かないのです。

むしろ、短い時間であれば、自分にとってどういいかは伝える必要はありません。

「相手にとって、どういいか」を伝えましょう。

やりがち例では、プリンターを自分の机の横に置くということしか言っていないので、自分の効率しか考えていないように聞こえます。

そこで、自分ではなく、他の人たちにとってどういいのかを伝えて「Yes」をもらいましょう。

おみごと参考例

新人「このプリンターを私の机の横に置いていいですか？　これだと印刷されたら私がすぐにみなさんのお手元に手渡しに行けます。そうすると職場全体の効率化になりますよね。だから、このプリンターを私の机の横に置いていいですか？」

Point

自分ではなく相手のメリットを強調しよう

case 14

何を言っても否定してくる人にウンザリ……

✕ あるあるやりがち例

上司「営業担当は帰り時間もばらばらで調整が厳しいだろう」

部下**「では朝だとそろいますよね？」**

上司「朝は現場に直行する人もいるし、やたら忙しいもんだ」

部下**「ではオンラインでの勉強会にして夜はどうですか？」**

上司「最近やたらオンラインが多いうえに勉強会まで……。勘弁してくれよ」

method 14

反対されたときこそ助けを求める

反対する人は、あなたの意見に対して反対する場合もありますし、あなただからと反対する人もいます。

どちらにせよ、反対意見に真っ向からぶつかっても平行線になり、時間ばかりかかってなかなか採用されないものです。

そこで、自分で考えるより、下から目線で相手に助けを求めることをおすすめします。

なぜなら、反対されたことに対して解決策を出しても、また反対される確率も高く、それよりも、相手に解決策を考えてもらうのが最速だからです。

相手の気分を害さないようにすることはもちろんですが、まずは賛否に関係なく、自分の意見に反応してくれたことに対して感謝を伝えましょう。

「●●について、**ご意見をいただきありがとうございます。**そのような考えは思いつきませんでした」

次に、この意見を採用してもらうためにはどうすればいいのか教わることです。

「私の意見が採用されるためには、**どうすればいいのか、ぜひ教えてください**」

そして、相手に教えてほしい明確な理由を伝えるのです。

「**思いもつかないような考えができる○○さんに、**ぜひ教えていただきたいです！」

昔、私の意見にことごとく反対する人が職場にいました。

反論を繰り返してもきりがなく、平行線で、この人から賛成されることはまずありませんでした。

ところが、どうしたらこの案を認めてもらえるのか相手に聞いてみたところ、アドバイスをされ、反論されることもなく初めてこの人に意見が認められたのです。

結局、下から目線で相手をたてつつ、頼るという伝え方が大事なんだなぁとこのとき気がつきました。

〇 おみごと参考例

上司「営業担当は帰り時間もばらばらで調整が厳しいだろう」
部下「勉強会の開催について、ご意見をいただきありがとうございます。そのような考えは思いつきませんでした。私の意見が採用されるためには、どうすればいいのか、ぜひ教えてください。思いもつかないような考えができる〇〇さんに、ぜひ教えていただきたいです！」

Point

相手をたてつつ、解決策を聞いてみる

case 15

忙しい上司を呼び止めたい

✕ あるあるやりがち例

部下「ちょっとだけ、今お時間よろしいでしょうか？」

上司「悪いね～！ちょっと会議の準備があってね。明日の午後にでも時間とるよ」

method 15

「聞いてもいいかも」と思ってもらえるコツ

あなたにとって、「ちょっと」は具体的にどれくらいの長さを指しますか？

この「ちょっと」で、私はこれまで何度も、痛い目に遭いました。

「ちょっと」と思って話を聞いたら、1時間どころか数時間拘束されたので、たとえ、お客様でも上司でも「どれくらいのお時間ですか？」とできるだけ確認するようにしています。

この質問に対する答えはさまざまで、1分くらいの人もいれば1時間の人もいます。

ちなみに、会社の社長に呼ばれて12時間拘束されたこともありました……。

事前に「ちょっと」とはどれくらいの時間か尋ねたとしても、たいてい「ちょっと」という人は、実際にはその答えの時間より長く話します。

これには毎回げんなりしていました。

そのため「ちょっと」と言われたら、あとに何も予定がないときを除いて、断るようにしていたのです。

しかし、「ちょっと」と言われて、いつもどおり断ったときのこと。別の日に改めて連絡があったので、話を聞くことにしたところ、わずか1分の内容だったということがありました。

挨拶やらもろもろ余分にまた時間をとる羽目になり、

「こんなことなら、あのとき、『1分お時間いいですか?』と聞いてくれたら、要件だけで済んだのに」

と、怒りがこみあげてきたのでした。

具体的な時間を伝えることで、相手は今話を聞くか、また別の日時で話を聞くか、判断しやすくなります。

拘束時間がわからないようだと、あえて時間をとる気も起きず、断られるのがオチです。もちろん、何の要件かも添えて、具体的な所要時間を伝えましょう。

おみごと参考例

部下「3分ほど貴重なお時間をぜひ、ください！　●●の件です」

Point

相手が予定を組みやすいように、所要時間で伝えましょう

case 16

プレゼンで反対意見を言われるのが怖い

× あるあるやりがち例

部下「数量限定という言葉に弱い女性が多いと思います。みなさん、いかがですか？」

上司「どうだろう？　男もプレミアムものは好きだし、女性に多いとは言えないんじゃない?」

method 16

反論しにくい「そう思いますよね！」

これまで、たくさんの人の話し方を観察してきて、わかったことがあります。

それは、相手から「はい（Yes）」を引き出すのが上手な人ほど、「自信に満ちた強気な伝え方」をしているということです。

自信がなさそうな弱気な相手の意見は、突っぱね易く、その中でも「思います」という言葉は、本人が思っているだけなので自信のなさが伝わってきます。

さらに、閉鎖型質問は、相手に「はい（Yes）」または「いいえ（No）」の選択肢を与えていますので、50％の確率で「いいえ（No）」と否定しやすくなります。

ところが、同じ「思います」の言葉でも、使い方を変えれば印象が違ってきます。

「そう思いますよね」というように、自分が思うのではなく、相手が思っていることにすると納得感が出てくるのです。

さらに、語尾を閉鎖型質問の「そう思いますよね？」の「？」ではなく、**「そう思いますよね！」**と「！」で伝えてみましょう。

すると案外、「そう思いません」とは相手も言いにくくなるのです。

特に大勢の人がいる場では、なかなか反論しにくくなりますから、「はい（Ｙｅｓ）」と言われる確率を上げることができます。

おみごと参考例

部下「数量限定という言葉に弱い女性が多いです。そう思いますよね！　みなさん」

Point

語尾は、自信に満ちた言葉で伝えよう

case 17

「それいいね!」と賛成してもらうには?

×あるあるやりがち例

部下「新製品発売キャンペーンの内容ですか？　お笑いライブの開催はどうでしょうか？　最近、またお笑いがブームになってきてますから。さらに、新製品をテーマにネタをしてもらうっていいですよね」

部長「それだと会場費もかかるし人員も必要で、経費がかなりかかりそうだからちょっと厳しいね」

method 17

「両面法」でプラス面・マイナス面を伝える

とっさに提案したものの、やたらとすぐ否定してくる人っていますよね。
そこで賛成を得やすい伝え方の枠の1つ、両面法をここで学んでおきましょう。

「**私の提案は**、お笑いライブの開催です」

提案したあと、賛成を得やすくするために最初によい点を伝えることは大切です。

「**よい点は**、最近、またお笑いがブームになってきてますよね。さらに、新製品をテーマにネタをしてもらうって効果的でいいですよね」

しかし多くの人はたいてい、よい点だけしか伝えません。
すると、特に上の立場の人はあら捜しをしてきますから、そこで否定されるとなかなか言い返せなくなってしまいます。

そこで、最初から否定されることを考え、否定される前に自分で先によくない点を伝えてしまうのです。

つまり、突っ込まれる前に自分で突っ込んでおきましょうということです。

「**よくない点は**、会場費もかかるし人員も必要で、経費がかなりかかるということです」

ただし、よくない点を伝えたままでは、その提案が却下されるのは当然です。

そこで、よくない点が伝わったところで、

「しかし、大丈夫です！」

と相手に安心感を抱かせ、策を講じて伝えるのです。

「**策は**、オンライン開催です。会場費や人員などの経費が抑えられ、世界中からお申し込みも可能になります」

相手からすれば、自らよくない点を言ってくるうえに、策まで考えてくる周到ぶりに驚き、たとえ否定しようとしていたとしても、何も言えなくなるのです。

また、多くの人は思慮深さを買って、なかなか反対しにくくなるのです。

おみごと参考例

部下「私の提案は、お笑いライブの招待です。よい点は、最近、またお笑いがブームになってきてますよね。さらに、新製品をテーマにネタにしてもらうって効果的でいいですよね。よくない点は、会場費もかかるし人員も必要で、経費がかなりかかるということです。しかし、大丈夫です！　策は、オンライン開催です。会場費や人員などの経費が抑えられ、世界中からお申し込みも可能になります。私の提案は、お笑いライブの招待です」

Point

「よい」+「よくない」+「しかし、大丈夫」+「策」でバッチリ！

case 18

悪者にならずに、否定したい

✕ あるあるやりがち例

先輩「アルバイトを２名採用しませんか？　準備にミスがでないように人員を増やして対応したほうがいいと思いますよ。年内だけの採用期間であれば、予算内で収まるため問題はありません」

後輩**「その２名を面倒みる人にとって、よけい業務負担がかかってミス多発になりませんか？　面倒見る側とバイト側どっちにとっても負担だと思います！」**

method 18

ある質問で、有利な立場をゲット！

自分の意見を採用させたいがために、他の人の意見に否定的になることはよくありますよね。

また、自分には提案するような意見がなくとも、人の意見のよくない点が気になって否定してしまうこともあるでしょう。

そんなとき、否定された側はマイナスな気持ちになります。

さらにそれを聞いている周囲の人も、否定した側も後味がよくありません。

そこで、相手の意見を直接否定せず、自分の意見を優位に立たせる伝え方をしてみましょう。

まず、相手の意見は賛否にかかわらず、認めましょう。

「アルバイトを2名採用するというご意見ですね。たしかに人員を増やすとミスもなくなりますね」

そして、次に、よくない点を質問しましょう。

「あえて言うならば、アルバイトを2名採用すると、マイナス（よくない）点はどのようなことが考えられますか？」

ここで大事なのは、「あえていうならば」という言葉を入れることで否定的な要素を和らげていることです。

そして、もう1つ大事なことは、「よくない点を相手から訊き出す」ことです。

つまり、相手に自分の口からよくないことを伝えてもらうのです。

さらに、相手から出されたよくない点について、このように質問しましょう。

「その策は、どうお考えですか？」

ここまででお気づきでしょうか？

これ、先ほどご紹介した両面法（プラス面とマイナス面を両方伝える方法）をうまく応用させているのです。

提案…「アルバイトを2名採用するというご意見ですね」と相手の提案を認めます。

よい点…「たしかに人員を増やすとミスもなくなりますね」と相手が伝えてきたよい点を認めます。

よくない点…「あえて言うならば、アルバイトを2名採用すると、マイナス（よくない）点はどのようなことが考えられますか？」と、よくない点を訊き出します。

策…「その策は、どうお考えですか？」と相手によくない点の対策を訊き出します。

このように両面法の構成の流れで相手とやりとりをしていきます。

相手は「提案」と、たいていは「よい点」を話しますので、その部分を認め、よくない点は質問で訊き出し、さらに策も訊き出すということです。

相手や周囲からイヤな人に思われてしまいそうで、なかなか人の意見を否定できないという人も多いのではないでしょうか。

この方法であれば、否定しているのでもなく、ただ、質問をしただけですから、あなたに非はありません。そのうえ、周囲や相手から、人の意見を無視せずに関心を持って前向きに取り組んでいると評価を得られるのです。

よい評価を得られることで査定もあがってくれれば万々歳です！

○

おみごと参考例

後輩「アルバイトを2名採用するということなんですね。たしかに人員を増やすとミスもなくなりますよね。あえて言うならば、アルバイトを2名採用すると、マイナス（よくない）点はどのようなことが考えられますか？　またその策は、どうお考えですか？」

Point

やんわり否定したいときにも「両面法」が使える！

第3章

誰とでも一瞬で距離が縮まる伝え方

case

19

共感って、結局どうやったらいいの？

× あるあるやりがち例

先輩「営業部の課長って、いつもぎりぎりになってデータ出してくれって言ってくるよね。そのくせ、こっちからの依頼は文句ばかり言ってなかなか対応しないくせに。頭にくるよ」

後輩 **「共感します！」**

先輩「え？　あなた、課長と関わったことないでしょ」

method 19

自分の気持ちは動かさなくていい

共感が大事というのはよく言われていることですが、実際にできている人は案外少ないものです。

周囲の人に、「共感ってどうやればいいんですか？」と聞いてみて、どれくらいの人が教えることができるのでしょうか？

私は子どものころから、周りの人に「共感してくれない冷たい人だ」と言われてきました。

会社員時代に、職場の同僚が「ペットのお葬式で悲しい」と言ってきたときも、同じ悲しい気持ちになれなかったのです。

どうやったら共感というものができるのだろう？　と考え、同じ気持ちになれるよう努力をしたけれど、できませんでした。

そのあと、心理学のEQ（こころの知能指数）を学んでいるうちに、共感という意味を間違って解釈していたことがわかりました。

「同感」は同じ気持ちになることですが、「共感」は同じ気持ちにならなくてよい、ということを知ったのです。

それを知ったとき、なにやらホッとしました。

だって、自分の気持ちをすぐに動かすことは無理だったからです。

「寄り添って共感しましょう」

「相手の気持ちを汲み取って共感しましょう」

と、あちこちで見たり聞いたりするのですが、「だから、寄り添うとか相手の気持ちを汲み取るって、具体的にどうすればいいの？」と思っていました。

そして、相変わらず「共感」とはどうやればいいのかわからないまま、結局、誰もその方法を教えてくれることはありませんでした。

ところが次第に、私は共感した覚えがないのに、「共感してくれてありがとうございます」と言われることが増えてきたのです。

そこで、どうしたときに共感されたと相手が思うのだろうか？　と自分の言動を意識したところ、相手が「共感された」と感じるポイントに、共通点をみつけることができたのです。

そのとき、私の感情は動いていないし、当然、同じ気持ちにもなっていません。

結局、自分が「共感した」というのではなく、相手に「共感された」と感じてもらうことが大事なのだと気がついたのです。

ひるがえって、この事例の後輩が、たとえ本当に先輩に共感したとしても、先輩が「後輩に共感された」と感じなければ、共感したとは言えないということです。

そこで、どうすれば相手があなたに寄り添ってもらえた、気持ちを汲み取ってくれたと感じるようになるのかを知る前に、まず、行動と感情の関係について少し理解しておきましょう。

怒りがいっぱいのとき、無意識にドアをバタンと激しく閉めたり、ドスンドスンと歩いたり、ものを蹴飛ばしたりする人もいることでしょう。

ゆっくりそっとドアを閉めたり、静かにそーっと歩く人はいません。

反対に、楽しかったりうれしかったりして、すごく気分よいときは、思わずスキップするかもしれません。

つまり、感情と行動はつながっているということです。


さて、話を戻しましょう。

「寄り添ってもらえた」「気持ちを汲み取ってくれた」と相手に感じてもらうには、どうしたらいいか、ということでしたね。

まずは、相手の話の中に「感情を表す言葉」が出ていたら、それを受け止めます。

もしそれがない場合には、「相手の行動」を受け止めましょう。

先ほどお伝えしたように、感情と行動はつながっていますから、相手の話の中に感情を表す言葉がなくても、行動を認めることで、相手は「気持ちを汲んでくれた」と感じてくれるのです。

「え？　どういうこと？」と思われた方もいるかもしれませんが、大丈夫。

次の項目から、もう少し詳しく見ていきましょう。

〇

おみごと参考例

後輩「先輩は、課長の行動に頭にきたんですね！」

Point

行動と感情はつながっている

case

20 雑談で気の利いた返事ができない

✕ あるあるやりがち例

新人「先輩、資料見てください〜。この連休はプレゼンテーションがうまくできるように、パワーポイントの資料作成の講座に行って勉強してきたんですよ!」

先輩**「私は、連休中、映画ざんまいよ。新しくできたあの映画館、すごくよかったよ」**

method

20

相手の「行動」を受け止める

入社2年目の先輩は、新人の話をまったく受け止めておらず、自分の話しかしていません。

「こんな先輩に資料見てほしくない！」と思いませんか？

実は、私、こんな先輩だったのです。

今だからこそ、この様子はまずいなぁと思いますが、共感という言葉さえ知らなかったころは、こんな言動を日常的にしてしまっていました。

電車の中や公的な場でも、お互いが双方向になっておらず、両者が一方的に話している光景をよく見かけます。

では、この先輩はどうすればよかったのでしょうか？

せめて、後輩の言葉をオウム返しするべきだという人もいるでしょう。

「オウム返しをしましょう」と話し方の本でもよく言われますが、次のような場面だと、話を何度も遮られた感じがして、むしろイラっとしませんか？

新人「先輩、資料見てください〜」
先輩「資料」
新人「この連休はプレゼンテーションがうまくできるように」
先輩「プレゼンテーション」
新人「パワーポイントの資料作成の講座に」
先輩「資料作成」
新人「行って勉強してきたんですよ！」
先輩「行ったんだ！」

オウム返しは、聞いた音を繰り返しているだけです。適当なところで割って入って同じ音を繰り返しているため、不快感を覚える人がいます。

そのため、私はオウム返しをおすすめしません。

また、なかにはこんな人もいます。

先輩「この連休はプレゼンテーションがうまくできるように、パワーポイントの資料作成の講座に行って勉強してきたんだね」

いかにもまるごと受け止めたようではありますが、話し手にとってはなんだか小ばかにされた気分で、9割くらいの人はうっとうしがるのではないでしょうか。

あるあるやりがち例の先輩の対応に比べると悪くはありませんが、もう少しなんとか対応を考えたいものです。

そこで、新人の**「行動」**を受け止めてみましょう。

新人の言葉を見ると、新人の行動は「講座に行って」と「勉強してきた」です。

「うまくできるように」は行動の理由なので、行動には含みません。

先輩「講座に行ったんだ！」

新人は、「講座に行った」という部分に反応してもらえたことで、先輩に受け止められたと解釈します。もしくは、

先輩「勉強してきたんだ！」

新人が一番最後に発した言葉「勉強してきた」を繰り返すことで、さらに「共感された」と感じさせることができるでしょう。

ここで、先ほどお伝えした「行動に感情がくっついている」という話を思い出してみましょう。

新人の話には感情の言葉が出ていませんが、行動の言葉は出ていました。

行動を受け止めることで、新人はその行動にくっついている感情も一緒に受け止

めてもらえたと感じたのです。

さらには、今回の例のように、相手の話の中に行動の言葉がいくつもある場合は、最後の行動の言葉を繰り返すことで、話し手はよりプラスの気持ちになります。

最後の行動の言葉には、相手自身さえも気づいていない、「今一番あなたにわかってもらいたい気持ち」がくっついているのです。

〇 おみごと参考例

先輩「勉強してきたんだ！」

Point

「最後の行動」が最重要！

case

21 ついついバッサリ否定してしまう

✕ あるあるやりがち例

後輩「先輩、採用情報は人事部から最初に総務部に流し、総務部から情報システム部へ、情報システム部から経理部へと流すようにしたほうがいいと考えました」

先輩**「その考え方は、よくないと思うよ。それより人事部から各部署へ流すほうがいいと思うよ」**

method 21

否定する前に「思考」を受け止める

後輩からすれば、上司だと敷居が高く、先輩にならなら話ができると思って、意見を伝えたのかもしれません。
それにもかかわらず、こんなふうに全否定されたら、今後は先輩にも意見を言いづらくなってしまいますよね。

人は、自分の行動を否定されるよりも思考を否定されるほうがもっと嫌なのです。
特に、女性より男性のほうが、思考を否定されるのを嫌がる傾向があります。

もちろん、自分の思考は相手の思考と違っていてよいのです。
相手の思考を受け入れる必要もなく、自分の思考を変える必要もありません。

大切なのは、相手の思考を否定せず、受け止めてあげることです。

「人事部から、最初に総務部に流すと考えたんだね！」

自分の考えを伝えたい場合は、続けて、

「私は人事部から各部署へ流すという考えなんだよ」

このように伝えましょう。

相手の話の中に、「思った」や「考えた」という言葉があれば、その言葉を繰り返しましょう。

すると、相手は自分の思考に共感されている、認められている、受け止められていると感じます。
後輩は、先輩にわかってもらえたと感じ、気持ちがプラスになり、前向きな会話に発展するでしょう。

○ おみごと参考例

先輩「人事部から、最初に総務部に流すと考えたんだね！　私は人事部から各部署へ流すという考えなんだよ」

Point

「思った」「考えた」に注目！

case

22 愚痴を言われたときの切り返し方は?

✕ あるあるやりがち例

後輩「先輩、今日の15時までに提出する資料があったのに、急に課長から会議資料づくりのデータ分析を頼まれて、ランチ食べる時間が取れなかったんですよー。それなのに、課長は、データ分析いらなくなったって……。せっかく、頑張ってつくったのに、悲しいです」

先輩**「あるある!　そんなのしょっちゅう。いちいち気にしてたら体もたないよ。気にしない気にしない。ダイエットだと思って割り切ろう」**

method 22

困ったときは「感情」を受け止める

先輩からすれば、よくあることだから、気にしないようにと慰めているつもりかもしれませんが、後輩としては、ますます悲しい気持ちになってしまいます。

慰めてほしいと思っているわけではなく、悲しい気持ちを理解してほしいのです。

そうはいっても、なかなか理解できないことも多いものです。

ですから、理解できてもできなくても、「あぁ、気持ちを理解してくれた！　共感された！」と後輩に思われる伝え方を考えてみましょう。

後輩の話の中で、後輩の行動や思考を探してみると、「時間が取れなかった」「頑張った」という言葉があります。

この2つのどちらかの言葉を繰り返すのもよしですが、終わりのほうに出る「頑張った」を繰り返すとなおよいです。

一方で、この2つの行動や思考の言葉には、感情の言葉がくっついていません。
今回は、最後に「悲しいです」と感情の言葉が表面化されていますから、**後輩が先輩に一番理解をしてほしいのが、この「悲しい」という気持ちだと考えて**、この「悲しい」という言葉を繰り返してあげるのが最適です。
自分も同じ気持ちだと言いたいなら、「私も悲しいよ」と続ければよいのです。

おみごと参考例

先輩「悲しいんだね。私も悲しいよ」

Point

感情の言葉がヒントになる

case 23

わざとらしくならないように褒めるには?

✕ あるあるやりがち例

店員「お客様！　お洋服の色が素敵ですね！　そのブローチも品がありますね〜。わ、そのカバンもすごくおしゃれですね」

お客「……（物にしか興味ないのか!）」

method

23

褒めずに「褒められた！」と感じさせる

こんな褒め方をされて、あなたは嬉しいですか？

褒められるととっても嬉しいし、褒められて嫌な気持ちになる人はいないでしょう、とよく世間では言われます。

そう！　それは、たしかに、褒められたと解釈すれば、の話です。

いくら相手を褒めても、相手が褒められたと解釈しなければ意味がないのです。

褒めたつもりになって、「褒めている自分は素敵でしょう」というのは、自己満足にすぎません。

ちなみに、この事例は、私が言われたセリフなのですが、カチン、カチン、カチンと3回も頭にきて、不快感いっぱいでした。

まず、三連発も、どれも物にしか焦点が当たっていません。

もし、私が、これらの物の制作者であれば、私の作品を褒められたと解釈して、すごく喜んだことでしょう。

ところが、私は、仕事でも趣味でも物づくりをすることに興味はないので、お洋服もブローチもカバンも自分で制作していないのです。

だから、店員の関心は、私自身ではなく、物にしかいっていないように聞こえたのです。

もし、あなたが相手を褒めたいのであれば、せめて、人に焦点を当てて褒めてみましょう。

さらに、お世辞や社交辞令のようにわざとらしくならないために、褒めるのは1つに留めておくことです。

おみごと参考例

店員「お客様！　お洋服の選び方が素敵ですね！」

Point

「物」ではなく「人」に焦点を当てる

case

24

「褒めたつもり」が落とし穴

あるあるやりがち例

新入社員「先輩、資料づくりがすごくうまいですね」

先輩「（イラッ）なんで上から目線……?」

method

24

「下から目線」で教えを請う

褒めるとは、「物事を評価し、よしとしてその気持を表す」と広辞苑に書かれています。では、評価とは？

広辞苑によると「善悪・美醜・優劣などの価値を判じ定めること」だそうです。

ということで、評価し優劣をつけるという褒める行為は、すなわち、上から目線です。

以前、褒め方の講師Aさんから、某企業の研修を一緒にしないかと誘われ、研修内容の説明をしているときのことでした。

私「最初は自分たちでやってもらって、そのあとで解説しながら学んでもらいます」

Aさん「いいと思うよ」

私「途中、チームごとでもそれぞれ観察し合います」

Aさん「あぁ、いいと思うよ」

と、いちいち「いいと思うよ」の連呼に、この人はいつから私の上司になったのだろうと思ったのでした。

あまりの上から目線な印象を受け、この人が褒めているつもりだとしたら、褒めるほど嫌な感じのものはないなぁと思ったものです。

一方で私は、褒めるのが苦手で、めったに人を褒めることもありませんでした。

しかし、褒めてもいないのに、相手が褒められたと解釈してすごく喜ばれたことがあったのです。

会社員時代のことですが、とっても美人だなーと思うのに、髪形がその人には似合っていないなと思う同僚がいました。

「どこの美容院に行ってるの？」と尋ねたら、すごくうれしそうに「●●町の▼▼という美容院よ」と言うのです。

私としては、美容師さんの腕が悪いと思うので、その美容院を避けたくて質問しただけなのに、その人は、髪形が自分に似合っていると言われたと感じたようです。

これがよいヒントになったのです。

質問して教えを請うことで、相手は褒められたと解釈するということに気がついたのです。さらに、褒めるのが「上から目線」なのに対して、教えを請うのは「下から目線」になるということも。

また、上から目線の褒め言葉だと、多くの日本人は謙虚ですから、つい否定してしまいます。

Bさん「きれいな字ですね」

Cさん「いえいえ、そんなことは」

これを下から目線にすると

Bさん「わあ、どこで字を習われたのですか？」

Cさん「商工会のカルチャースクールで数年前から……」

この場合は「どこで字を習ったのか」という質問をしているので、「いえいえ、そんなことは」と否定することはありませんし、きれいな字だ、と言われたような解釈になるのです。

講座でこの話をすると、お世辞が苦手な人や、社交辞令やウソが言えないという人たちも、みなさん、質問ならできると言われます。

また、質問のあとに、教えてください、を付け加えるとさらに教えを請うことになり、褒められたと解釈されやすくなります。

「どうやったらこのお料理の味が出せるのですか？　教えてください」

こんなふうに、下から目線の質問をして教えを請いましょう。

もし褒められたと解釈されなくても、普通に質問として解釈されるので、どちらにせよ失敗はありません。

○

おみごと参考例

新入社員「どうやったら、先輩のような資料をつくることができるんですか？　教えてください」

Point

さりげなく相手を持ち上げ、プラスの気持ちにさせる

case

25 質問しただけなのに「怒ってるの?」と言われた

× あるあるやりがち例

先輩「なぜ、売り上げが目標に達成していないの？」

新人「すみません……お客様が忙しいと言ってなかなか会ってくれなくて……」

method

25

過去の栄光を聞き出す

「なぜ」から始まる質問は、質問された側にとっては詰問と解釈しがちです。

人は、質問されると考え始めますが、責められたと解釈するとついつい自分を守ろうとして、言い訳に走ってしまうものです。

たとえ、本当に質問をしているつもりでも、相手の解釈では質問とは捉えられないようです。

なぜなら、人は怒りの感情が湧くと、相手に対して無意識で詰問になるものだからです。

昔の話ですが、相手に「なぜ」で始まった質問をして、怒りのメッセージをもらったことが何度もありました。私としては、純粋にわからないことを質問したくて聞いただけなのですが、相手は私から詰問されたと解釈したようなのです。

こんなことがあってから、今では「なぜ」を使用しないよう意識しています。

というのも、「なぜ」で始まる質問は、過去についての質問で、ほぼマイナスの内容についてだからです。

そうすると、相手は質問ではなく詰問と捉え、気持ちはマイナスに動いてしまいます。

そこで、過去について、ダメだったことではなく、うまくいったことを聞き出すのが最適です。

すると、相手は問われたことに答えているうちに、よかった思い出がよみがえり、当時のプラスの感情もよみがえるので、よい気分になってくるのです。

ということで、相手の気持ちをプラスにするように、過去の栄光、特に感情について聞き出すことです。

そして、どうやって達成できたのかも質問してみましょう。

「●●資格を取得できたとき、どんなお気持ちだったのですか？」

「どうやって●●資格を取得できたのですか？」
「営業で表彰されたときってどんな気持ちだったのですか？」
「採用通知を受け取ったとき、どんな気持ちだったのですか？」

おみごと参考例

先輩「去年の上期は、売上目標達成1位で表彰されたよね！　どうやってあんなに売り上げが出せたの？」

Point

「過去の栄光」と「成し遂げたときの気持ち」はセットで

case

26 上司ともっと距離を縮めたい

✕ あるあるやりがち例

新人「課長は、すごく営業力がありますね！」

課長「……」

method

26

相手をあなたのとりこにする連続技

あなたに対し、プラスの気持ちにしてくれる人とマイナスの気持ちにしてくれる人では、どちらと一緒に仕事をしたいですか？

この質問をすると、プラスの気持ちにしてくれる人という回答がこれまでは100%です。

だからでしょうか。相手の気持ちをプラスにさせたいと思うあまり、目上の人やお客様を褒めてよい関係をつくろうとして逆効果になってしまった、という人も多いのです。

そこで、自然に相手の気持ちをプラスにし、あなたとよい関係性を築きたいと思わせるコツをご紹介します。

会話中に次の5つのステップを何度も繰り返してみましょう。

①あなたが　相手に「あなたに褒められた」と思われる質問をする
②相手が　「あなたに褒められた」と解釈をする
③相手が　あなたに教える

（①②③のコツはＰ１３１～Ｐ１４４を参照）

④あなたが　相手の話を「あなたに共感された」と思われるように聞く
⑤相手が　「あなたに共感された」と解釈をする

（④⑤のコツはＰ１１２～Ｐ１３０を参照）

この①から⑤を繰り返すと、相手のプラスの気持ちがますます膨らんできます。
すると相手はあなたとまた会いたい、仕事を一緒にしたいと思うようになるのです。

おみごと参考例

新人「課長、どうやったら課長のような営業力が身につくんですか？　ぜひ、教えてください」
課長「勉強熱心だね！　まぁ、いろいろ方法はあるだろうけど……、常にお客様が何をお手伝いしてほしいのかな、とよく観察することだよ」
新人「ありがとうございます！　課長は、よく観察することだとお考えなのですね。観察していて、何をお手伝いしたときが一番お客様に喜ばれましたか？」
課長「一番喜ばれたことはだね……」

Point

「褒められた」「共感された」を繰り返す

case

27

「いつも同じあいづち」ばかりのあなたへ

✕ あるあるやりがち例

課長「ここ、もっと大きい文字にしたら、他の人より印象的で効果が絶大になるよ」

部下**「なるほど〜。ありがとうございます」**

method

27

なるほど！　は禁句

人の話を聞くときに「なるほど〜」と無意識で言っている光景をよく目にしますが、相手との関係性、つまり立場によっては、大変失礼になります。

私が昔、人の話を最後まで聞くこともなく、割って入っていたころのことです。きちんと人の話を聞けるようになるにはどうしたらいいのか、他の人の会話を観察してみたところ、「なるほど」を使う人が多いことに気づきました。

そこで、真似をして頻繁に「なるほど」を使うように意識していたのでした。

ところがある日、コミュニケーションスキルの勉強会で、意識して必死に「なるほど」と言いながら話を聞いていたら、相手から「なるほど」を使ってはダメだと言われたのです。

そのときは理由がわからなかったのですが、後日に某テレビアナウンサーから、「なるほど」は上から目線の言葉だと聞かされ、深く納得しました。

ということで、課長が部下に「なるほど」と言うのはよいのですが、その逆、部下から課長に言うのは、上から目線になってしまいとっても失礼なことなのです。

ましてや「なるほど！　なるほど！」と繰り返してしまうと、相手は小ばかにされた気がしてしまうので、最悪です。

他に、「なるほどですね」や「なるほどです」も一般的には失礼に当たるので使用しないほうがよいでしょう。

ただし、九州地方では「なるほどですね」が目上の人に使用する方言です。

方言で使われる場合もあるということは頭の片隅に置いておくとよいですが、とにかく、自分からは使用しないのが無難です。

そこで、代わりの言葉として**「おっしゃる通りですね」「ご**

もっともですね」を使用するとよいです。

なお、これまで「なるほど」を頻繁に使用していた人は、口癖で「なるほど」とポロっと口から出てしまうことがあるでしょう。

そんなときは、**「なるほど」のあとに、すぐ「おっしゃる通りですね」か「ごもっともですね」と続けて発してごまかす**しかありません。

〇

OK例

部下「おっしゃる通りですね。ありがとうございます」

Point

「なるほど」は使わないに限る

case

28 気遣いのつもりが、地雷を踏んでいませんか？

✕ あるあるやりがち例

同僚A「昨日、お客様へ企画書を提出する予定で段取りを組んでたのに〜。課長から、「明日の会議で使用するから商品別の来期目標を出すように」とお昼前に言われて……。たしかにいつでも提出できるようにしておかなかったのが悪いけど。昨日は久々にランチ抜きで集中して仕事したよ〜」

同僚B**「忙しくて大変でしたね〜。お客様へ企画書を提出する予定がある、と言えばよかったのに！」**

method

28

余分なひと言に要注意！

いわゆる愚痴というものを聞いたとき、相手の話からとても大変そうに感じると、ついつい「大変でしたね」と9割くらいの人が発します。

悪気があるわけではなく「大変でしたね」とねぎらう気持ちなのでしょうが、まず、相手は本当に大変だと思っていたのでしょうか。

やりがち例の場合、話し手の口から、ひと言も大変だったとは発していません。

もしかしたら大変だと思っていないかもしれないのに、相手は勝手に大変だったと決めつけています。

さらに、「大変でしたね」というねぎらいの言葉は、同僚や目下の人に使う言葉なので、目上の人には使わないように気をつけましょう。

「忙しかったんですね」という言葉も使いがちですが、相手が言っていない場合は決めつけないように要注意です。

私は、セミナーを実施するのが大好きで起業したくらいですから、日曜日や平日の夜も自主開催セミナーを行っていました。

すると、受講生との雑談で、相手から出てくる言葉にちょっと不快な気持ちになることがしばしばあったのです。

「日曜日なのに、お仕事大変ですね」「夜もセミナーって、大変ですね」「忙しいんですね」「忙しくて大変ですね」と、これらの言葉を言われたとき、つい「そんなことないですよ」と言い返していた自分に気がつきました。

雑談中、私はひと言も、「大変です」「忙しいです」なんて言っていないし、そもそも好きで楽しくやっているので「大変です」「忙しいです」と思ってもいなかったのです。

そこで、私が昔、相手に激怒されたことを思い出したのでした。

コミュニケーションスキルを学ぶために、いろいろな勉強会に顔を出し、多くの人に相手になってもらってコーチングの練習をしていたときの話です。

練習相手の女性が「部屋をきれいにしたい」というテーマでお話をされたのに、私は、整理整頓の言葉を連呼してコーチングをしていたのです。

コーチングをし終わったとき、相手の女性は、

「私は、ひと言も整理整頓したいと言った覚えはありません。ただ、机の上には何もない状態にしたかっただけです」

と捨て台詞で帰って行かれたのでした。

このとき、私はガツンと頭を殴られたくらいの衝撃で、やっとコミュニケーションのコの字がわかったような気がしました。

そして、自分が何度も同じ目に遭ってやっと、自分には悪意がなく、むしろねぎらっているつもりでも、それは、自分の想像で相手はこうだと決めつけてしまっているに過ぎないのだと気付けたのです。

また、多くの人はアドバイスを求めて愚痴を言っているわけではありませんから、「こうすればよかったのに！」なんて言うのは大きなお世話です。

「相手の話している言葉と違う言葉を投げかけないといけないと思っていた」と言う人もたまにいますが、むしろ逆です。

相手が話していない言葉を使ってはいけません。

余分なひと言は不要です。

どうしても、もうひと言付け加えたければ、相手の言葉を受け止めたあとに、

「大変そうに感じたのですが、体調は大丈夫なんですか？」と、私（I）メッセージで伝えましょう。

「大変でしたね」というのは、あなたはこうだと決めつけて伝える**あなた（YOU）メッセージ**です。

「（私は）あなたが大変そうに感じた」というのは、私がこうだと感じたことを伝え

る**私（I）メッセージ**です。

〇

おみごと参考例

後輩「集中してお仕事したんですね」

Point

相手が発していない言葉は、使わないのが無難

case

29

うまい断り方がわからない

✕ あるあるやりがち例

同僚A「来月末の金曜日18時から飲み会やるけど来る？」

同僚B**「ごめん！　参加できないよ。金曜の夜から実家に帰るんだ」**

method

29

「ごめん」のひと言、本当に必要？

イベントなどに誘われたけれど、どうしても予定があって参加できないというとき。参加できないことが悪いなぁと思うのか、最初に謝る人がいます。

これ、あきらかに多くのチャンスを逃すことになってもったいないです。

誘う側は、誘っていいものかどうかを迷い、やっと声を掛けたかもしれません。それなのに謝罪から入ってこられると、相手に謝らせてしまったと感じて、次回からますます誘いにくくなるのです。

謝らせたということは、相手に罪悪感というマイナスの気持ちを与えたことになるのですから。

したがって、謝罪から入ってしまうと、次からお誘いや声を掛けられなくなる可能性が高いと考えたほうがよいでしょう。

そうなると、よいチャンスがあったときも、そのチャンスを逃してしまいます。

一方で、謝罪ではなく、感謝の言葉から入る人も多くいらっしゃいます。

人は、感謝されると嬉しいもの。「この人に声を掛けると、毎回気持ちがプラスになる」と感じ、また声をかけようかなと思うのです。

さらには、よいお話があるときは、まっさきに声を掛けてくれる可能性も高まります。

そもそも、断ることは悪くはないので謝罪は不要です。

誘われて謝罪をする場合があるとしたら、いったん約束をしたにもかかわらず、理由の有無を問わず断ることになった場合です。

なおこのときも、ごめんなさいから始めるのではなく、声を掛けられたことに対して感謝を伝え、次に謝罪です。

とにもかくにもお誘いを受けたら、お断りするしないに関わらず、まずは「ありがとう」の感謝から伝えましょう。

さらに、喜びのプラスの気持ちも伝えるとバッチリです。
そして、断るのであれば、謝罪はせずに「また誘ってください」と伝えましょう。
今後誘ってほしくない場合は、また誘ってくださいという社交辞令は、むしろ相手によけいな手間をかけさせることになるので言わないことです。

〇 おみごと参考例

同僚B「ありがとう！　誘ってくれて嬉しいよ。でも、残念ながら参加できないよ。金曜の夜から実家に帰るんだ。また今度誘ってくれよ！」

Point

誘われたら、「感謝」と「プラスの気持ち」だけでいい

case

30 もっと商談の成功率を上げたい!

✕ あるあるやりがち例

お客様「廊下がちょっと暗くて祖母が転んでね。ケガはなかったけど、できれば安価で早くなんとかしたくて……。でも商品が多いからどれがいいか迷ってるんだけど……、どの照明器具がいい?」

新人**「こちらのライトは、人感センサーです。コードレスでUSB充電式なので便利です。これ、今すごく人気で売れているのでおすすめです」**

method

30
素敵な未来を想像させる「結果法」

何かしら人に商品を提案する場合、たいていは商品の機能説明だけになりがちです。

もちろん、機能は重要ですし説明が必要ですが、その機能が「相手にとってどうよいのか」まで伝えられる人はなかなかいません。

提案側にとっては、未来は伝えなくてもわかりますよね、という感覚なのでしょう。

ですが、提案を通したいのなら、「未来がどうなるのか」を相手側に考えさせずに、自ら親切に伝えることが重要です。

まずは提案をします。

「**提案は、**こちらのライトです」

そして、その提案を受け入れた先にある未来がどうなるのかを伝えます。

つまり、その結果どうなるの？　というところです。

「**結果として、**照明が自動点灯になり、USB充電式のため、電池を都度購入する必要もなく、より快適な生活になります。おまけに工事不要で今日からすぐに使用できます」

ここまでで、相手の頭の中には照明を購入した先の未来像が広がります。

さらに、相手に「現状がどうなのか」というところを認識させると、未来と現状の比較から納得感が高まります。

「**現状は、**暗い中で照明器具のスイッチを入れるまでがお困りですよね。いつケガをするかと心配もあり常に不安でしょう」

また、どういう理由ですすめているのかあなたの思いを伝えるとより効果的です。

「このライトを提案する**理由としては、**ご家族の方々に安心して生活を送ってほしいと思ったからです」

あなたの思いが相手に伝わることでさらに納得感を高めるのです。

これは、結果法という枠で、提案＋結果＋現状＋理由＋提案で構成されています。

おみごと参考例

「提案は、こちらのライトです。
結果として、照明が自動点灯になり、USB充電式のため、電池を都度購入する必要もなく、より快適な生活になります。おまけに工事不要で今日からすぐに使用できます。

現状は、暗い中で照明器具のスイッチを入れるまでがお困りですよね。いつケガをするかと心配もあり常に不安でしょう。

このライトを提案する理由としては、ご家族の方々に安心して生活を送ってほしいと思ったからです。

私が提案したいのは、こちらのライトです」

Point
「結果、どうなるのか」を先回りして伝える

COLUMN

この方法で、恋人との関係もよくなる!

これまで、ビジネスシーンを想定した方法をたくさん紹介してきましたが、実はプライベートでも活躍するんです！

例えば、次の恋人同士のデート中の場面。

女性「課長の指示通りに資料をつくったのに、いつの間にか話が変わっててやり直しになったの！　迷惑な課長だわ、まったく!」

男性「やりはじめる前や途中でちゃんと確認した？　頻繁に確認しないとダメだよ」

こんな会話では、女性の機嫌が悪くなってしまい、せっかくのデートが台無しです。

そこで、さきほどお伝えした共感のコツを思い出してください。男性の伝え方の正解例は……

男性「うん、まったく！　迷惑な課長だよ」

こんなひと言だけでいいのです。

とくに第３章の方法は、プライベートでも大変役立ちますから、ぜひ試してみてください。

第4章

短時間で
スルッと人を動かす
伝え方

case

31 さりげなくお願いしているのに察してくれない

✕ あるあるやりがち例

営業「（チラッと相手を見ながら）うわ〜この部屋暑いなぁ。外回りも暑いけど部屋も暑いわ」

総務「ほんと、今日は暑いね〜」

method 31

意外とわかっていない「どうしてほしい？」

伝え方の講座を受講する方の悩みで一番多いのは、「『何が言いたいのかわからない』と言われること」ですが、二番目に多いのが、**「相手が動いてくれない」**ということです。

そこで、どんな伝え方をしているのか観察すると、**そもそも、どう動いてほしいのかを明確に伝えていないのです。**

伝えていないのですから、相手はどうしてほしいかわからなくて当然です。

その伝えていない理由が、

「言わなくてもわかるだろう」「空気をよめ」「気を利かせ」「お察しください」の4つでした。

そして、こういう場合、多くの人が「言ったつもり」だというのです。

あるいは、自分が伝えていないのが悪いのにも関わらず、相手を「空気がよめない人」「気が利かない人」「察することができない人」と決めつけるのです。

私たち人間は、

「伝えないとわかりません」

「空気はよめません」

「気を利かせることはできません」

「お察しすることはできません」


自分の思いは、言葉で伝えなければ通じませんが、それでも100%伝わるという保証はないのです。

エアコンの電源を入れてほしいなら、エアコンの電源を入れるように伝えましょう。

室内温度を下げてほしければ、希望の温度にしてもらうよう伝えましょう。

テレパシーで伝えることができないなら「どう行動してほしいのか」を言葉で伝えないと、相手に動いてもらえません。

○

おみごと参考例

営業「冷房つけて〜！　上着脱いでも暑いなぁ。外回りも暑いけど部屋も暑いわ」

Point

「してほしい行動」は言葉で表す

case

32 なぜかいつも意見がスルーされる

✕ あるあるやりがち例

後輩「全体に統一感を持たせたほうがよいと思います。スライドのフォントはメイリオがよいと思います。全体の色はグリーン系でテーマに合わせたほうがよいと思います。画像も写真を使用してスライド２枚に1枚の割合で貼るほうが素敵だと思います」

method
32
語尾は「言い切る」のがポイント

やたらと「思います」を連呼する人が非常に多いです。
例えば次のセリフだと、ほとんどの人が教室Bを選ぶでしょう。

教室A「ここに通うと、ドイツ語がペラペラになると思いますよ」
教室B「ここに通うと、ドイツ語がペラペラになりますよ」

教室Aを選んでペラペラにならなかったとき、文句を言っても、だから「思います」と言ったでしょ！　と言われる可能性が高いです。

意識をして責任逃れのために「思います」を使用するのならば問題はありませんが、そうでなければ、自信をもった言い切りで伝えることをおすすめします。

責任逃れの「思います」が、１つどころか連続で入っていると、頼りなさが強調され、さらに「思います」が耳障りになってきます。

「思います」はあなただけが思っていることで第三者の声ではないため、頼りない感じに聞こえ、信頼度がどんどん低くなってくるのです。

逆に言い切りは、自分の思いだけではなく、第三者の声も反映されているような印象を受け、自信に満ちて聞こえるのです。

ですから、先の例でも、自信なさそうな教室Ａよりも自信にあふれている教室Ｂを選ぶ人が多いのです。

ただし、「思います」を使用してはいけないということではなく、責任をとれないことや、ただの自分の感想として語るにはよいのです。

ある企業の人事担当の人が、やたら「思います」を使用していたので、理由を聞くと、転職前は言い切っていたそうです。

しかし、現在の会社社長から、責任を追及される立場なので社外の人間にはできるだけ言い切るなと言われ、今は「思います」を連呼しているというのです。

このように、仕事の都合上で「思います」を意識して使うことは大事です。

「これ、おいしいと思いますよ」と言われたお弁当よりも、「おいしいですよ」と言い切られたお弁当のほうが、買いたくなりませんか？

○

おみごと参考例

後輩「全体に統一感を持たせたほうがよいです。スライドのフォントはメイリオがよく、全体の色はグリーン系でテーマに合わせたほうがよいです。画像も写真を使用してスライド2枚に1枚の割合で貼るほうが素敵です」

Point

「思います」が自信のなさに聞こえる

case

33 周りがギリギリまで動いてくれない

× あるあるやりがち例

同僚A**「夏季休暇の日程を、各自入力しておいてください」**

――10日後

同僚A「夏季休暇の日程、まだどなたも入力されていないんですけど、まだですか？」

同僚B「え？　月末でもいいのかと思ってたよ」

同僚C「来週にでも入力しようと思ってたけど、今日までなの？」

課長「今、入力中だが……」

method 33

「締め切り」があるから優先される

多くの人は、あれこれ日々忙しくしています。

突発的なことばかり起こるので、自分の予定通りに動くことが極めて困難です。

会社内部では上からも下からも横からも、さらには、外部からはお客様や取引先から、急に何かを言われ、優先しないといけないことが多発しています。

そこで何から行うかと考えたとき、多くの人は緊急性の高いもの、さらに重要性の高いものから手を付けるでしょう。


ですから、締め切りの指定がないものは、相当にやりたいものでなければ後回しにされても仕方がありません。

学生時代の夏休みの宿題を思い出してみましょう。

あなたは、宿題は早めに終えたほうですか？

提出日が9月1日の始業式が終わった最初の授業時間なのか、それとも週に一度しかない授業時間の9月4日の3時間目なのかで、宿題に取り組むスタートが違っていませんでしたか？

夏休みが始まってすぐ計画的に宿題をする人には驚かれるでしょうが、ギリギリで提出する人にはわかってもらえるのではないでしょうか？

夏休み最終日の8月31日、焦って取り掛かるのは、まず、9月1日に提出するものからです。

もし、提出日がなければ、私だったらその宿題は提出の催促があるまで後回しし続ける可能性もあります。

他の講座の受講生に聞いても、同じような答えが返ってきます。

仕事なので依頼された仕事をやらないわけではないのです。

とはいえ、緊急性や重要性が低いと判断されたものは、後回しにされてしまいます。

必ず、いつまでに、と期限を伝えましょう。

○

おみごと参考例

同僚A「夏季休暇の日程を各自、10日後の6月20日10時までに入力しておいてください」

Point

お願いするときは、必ず「期限」を添える

case

34 いつも後回しにされてしまう

× あるあるやりがち例

後輩「**先輩、企画について相談したいことがあるのですが、お手すきの際にお願いできますか？**」

先輩「あぁ、いいよ。手が空いたらね……」

method 34
「お手すきの際に」を封印しよう

締め切りの仕事ばかりであわただしい中、お手すきの際にとお願いされて、即、対応する人はどれくらいいるでしょう？

緊急で重要なとき、お手すきの際にと言ってお願いしますか？

例えば、あなたが、2階から落ちそうなとき、「お手すきの際に助けて」と言うのでしょうか？

「お手すきの際に」と言われると、緊急性と重要性は感じられないため、後回しにされても仕方ないと考えておきましょう。

そもそもですが、多忙なときに、手なんかあきません。

永遠にお手すきはこないという覚悟であればよいでしょう。

相手への思いやりのつもりで「お手すきの際に」と言っているとしても、相手に

はいろいろなことがある中で、割り込むことには変わりありません。

それならば、期限を明確に伝えるほうが、よほど相手への思いやりになります。

「お手すきの際にやっておいて」と「明日の10時までにやっておいて」と言われたら、どっちが相手にとって緊急性・重要性が高く感じられるかということです。

おみごと参考例

後輩「先輩、企画について相談したいことがあるのですが、明日の午後2時までに30分、お時間ください。お願いします」

Point

きっちり「期限」を伝えるのが、思いやり

case

35 勇気を出して、先輩をイベントに誘いたい

✕ あるあるやりがち例

後輩 **「先輩。来週金曜日の夜、有志でお花見があります。もし、よろしければ参加しませんか？」**

先輩「あ～、ありがとう。でも予定入れちゃってるんだよ。ごめん」

method

35

0.005%程度の気持ちは捨てよ!

多くの人が、謙虚に、**「もし、よろしければ○○しませんか?」**というセリフを使用しているのを耳にします。強制的でもなく、威圧的でもないので優しく聞こえますが、そのぶん、お断りされる確率も高くなります。

なぜなら、本気で来てほしいのではなく、まぁ、とりあえず、社交辞令で声でもかけておこうかな、という程度に感じられる言葉だからです。

無意識で選んでいる言葉というものには、わりと本人が気づいていない本音が隠されているものです。

「もし、よろしければ参加しませんか?」の言葉をじっくり見てみましょう。

「もし」という言葉は、万が一という意味で、万の中に1つです。

つまり、「1万分の1」です。

さらに「参加しませんか？」という質問は、参加してもよいし、参加しなくてもいいですよということで、お断りしてもよいですよという気持ちが50％です。

本人は「断っていいですよ」という気持ちで伝えているとは気づいていないかもしれませんが、本当に参加してほしい相手には、もっと違う伝え方をするでしょう。

例えば、今、あなたが陸橋の階段から転げ落ちて足を骨折して歩けないとしましょう。

通行人がいて助けを呼ぶとき、「もし、よろしければ、助けていただけますか？」とは言わないで、「助けてください！」でしょう。

言われたほうは、意識していちいち言葉を細かく分析はしておりませんが、無意識で脳が言葉の本気度を判断しているのです。

「もし、よろしければ」と聞いたとたんに、1万分の1の気持ち、すなわち相手の本気度が0・01％。

「助けていただけますか？」は、YesかNoの2択で断ってもいいということなので、相手の本気度が50％と捉えることができます。

「もし、よろしければ、助けていただけますか？」は0・01％×50％なので、本気度0．005％の気持ちです。

そこで、さらに本気度の高い「ぜひ」を伝え、自分も「一緒に」の仲間意識を強調し、そして「○○しましょう」と行動を促す言葉でより本気度を伝えましょう。

○

おみごと参考例

後輩「先輩。来週金曜日の夜、有志でお花見があります。ぜひ、ご一緒に参加しましょう！」

Point

誘うときは、本気度100％で

case

36 手が空いてそうな人に手伝ってほしい

× あるあるやりがち例

部下「**所長！　他のみなさんはイベントの準備で忙しそうなので、この資料、どこを直せばいいかチェックしていただけませんか？**」

所長「俺も忙しいよ！（失礼なやつだな）」

method

36

限定に弱い〝あなただけ〟

他に人がいないから仕方ないという言い方をしてしまうと、自分の存在意義が認められていないと解釈され、気持ちがマイナスになりやる気が失せます。

つまり、誰でもできることなら、わざわざ自分がすることでもなく、他の人にお願いすればいいとさえ思います。

「誰でも」とは反対に、私たちは「限定」に弱いです。

ほら、よくある期間限定や地域限定という商品、つい買ってしまいませんか？

限定物を手に入れると、優越感にひたれるからでしょうか？

しかし、限定に弱いのは、商品だけではありません。

「あなただけ」という限定の言葉にも弱いのです。

この言葉を聞くだけで、自分の存在意義を認めてもらえたと思うのでしょう。

大勢の中の1人ではなく、あなたしかいないという認め方です。

大勢の中から自分だけが認められると優越感から気持ちはプラスに転び、相手のために動きたくなるのです。

「あなただけ」「あなたしか」この2つはしっかり記憶しておきましょう。

おみごと参考例

部下「所長！　この資料、どこを直せばいいかがわかるのは所長だけです。他の人ではダメなんです。チェックしていただけませんか？」

Point

「あなたしかいない」と伝えてみよう

case

37

上司が何度言っても動いてくれない

× あるあるやりがち例

部下「課長。集計ができないので、毎月19日には必ず、A資料を出していただけませんか？」

課長「あぁ、わかった！　わかった！　期日までには、出す！　出す！」

method

37

思いきって解決策を聞いてみる

同僚や後輩・部下には強めに、ああしろ、こうしろと言えることもありますが、なかなか先輩や上司、お客様に対しては言えないものです。

そこで、

「どうして資料が期日までに出せないのでしょうか？」

とダメな理由を聞いて、相手の怒りを買ってしまう人も多くいます。

また、都合のいいように言いくるめられてしまうこともあるでしょう。

理由を聞くことで、よけいに相手に強く言えなくなってしまうのです。

たしかに、できない理由を聞くのも1つの手ですが、そんなことに時間を割くよりも、手っ取り早く、**相手に解決策を聞くのが一番**です。

「こうしろ」と言われると、まるで上から押さえつけられているようで、「なぜ、こんな下っ端から言われなきゃならないのか」と、さらに不満な気持ちが増殖し、行動する気が失せてしまいます。

それより、**「私は困っていて、あなたが頼りです」**という姿勢で相談するのです。

人は頼られると、他の人よりも信頼されていると感じ、自分の存在価値が認められたような解釈をします。

こんなちょっとの工夫で、悩みの元凶の相手が、どうすればいいか自ら考えて動いてくれるのですから、使わない手はないですね。

間違っても、「どうやったらあなたは提出できますか？」と聞かないように。

これでは、「あなたが悪いです」と遠回しに言っているように聞こえますから、逆効果です。

どうしたらよいか解決策を相談する形で伝えてみましょう。

○ おみごと参考例

部下「課長、相談があります。毎月、A資料の集計が期日までにできず、困ってるんです。課長しか頼れず、解決策がわかる人がいないんです。どうやったらいいでしょうか？」

Point

「どうやったら動いてくれるか」は本人から聞くのが一番

case

38

ちゃんと指示したはずなのに、ミス連発……

× あるあるやりがち例

同僚A **「納期が遅れているのなら、倉庫にある販促物の棚卸を先にしておいて！」**

同僚B「はいはい（なぜ、あなたから指示されないといけないの!!）」

method 38

誰もが「自己責任」で動き出す方法

多くの人は、指示命令されることを好みませんが、自分は好まないのに人に指示命令をする人は多いのです。

あれしろ、これしろと言われると、反発が生じ強制的にイヤイヤさせられている感じがします。

すると、気持ちがマイナスのままで行動をするから、高い成果は出にくいものです。

さらに、指示通りに動いたのに、結果がよくない場合は、心の中は指示命令をした人の責任だと思いがちです。

自分は、指示されて仕方がなくその通りに動いただけで、指示が間違っていたせいでうまくいかないと思っています。

そのため、失敗は指示した人の責任だと考え、責任感は芽生えません。

こうならないためにも、人から言われて仕方なくイヤイヤ動くのではなく、自ら選択して責任をもって動き出すように伝えましょう。

つまり、動くか動かないかという選択肢で伝えるのです。

例えば、

「このゴミをあのゴミ箱に捨ててもらえる？」

この言い方なら、断る選択肢があるので、イヤイヤではなく自ら責任をもって動いてくれるのです。

「席を譲りなさい」よりも「席を譲ってもらえる？」

「銀行に行ってきなさい」よりも「銀行に行ってく

れる？」

どうせ動いてもらうなら、相手に選択肢を与え、自己責任で自ら動いてくれる伝え方をして、よりよい成果につなげましょう。

おみごと参考例

同僚A「納期が遅れているのなら、倉庫にある販促物の棚卸を先にしてもらえますか？」

Point

選択肢を出すと、相手に「責任感」が芽生える

case 39

意見がいまーつ相手に響かない

× あるあるやりがち例

部下 **「資料室は、社員全員の導線がよい位置に変えるべきですよ。変えてください」**

上司「特に問題が起こっていないから、このままでいいでしょ」

method

39

具体例も伝えよう「なぜなら法」

こうしたらいい、ああしてほしいという意見を出すことは、よくあります。

そして、いかに自分の意見がよいか、正当化することって大事です。

ただ、それがいくら正当性があったとしても、聞き手がピンとこなければ「ふ〜ん、あっそう」程度に終わってしまうのです。

可能な限り、「へぇ〜」「ほぉ〜」とうなずかせ、相手に動いてもらえるちょっと高度な伝え方にしてみましょう。

まず、どうしてほしいか、どうすればよいかなどの要求や提案は「べき」を使わない謙虚さが必要です。

「資料室は、社員全員の導線がよい位置に変えましょう」

次に、どういう理由なのかを伝えましょう。

「**なぜなら、**1階や2階から、わざわざ3階の奥まで移動することが頻繁にあるからです」

なぜ、そうなのか？　がわからなければ、誰も納得できず、すぐに「はいそうですか」、と承認されることはありません。

さらに、もっと相手の納得感を高めるために、具体例を添えましょう。

「**具体例**として、2階のエレベーター真向いの部屋を資料室にすれば、社員全員の移動時間も短縮でき、労力の軽減にもなります」

理由のみ伝えた場合より、どうすればいいのかが具体的で、よりわかりやすくなります。

そして最後は、最初に伝えたことを繰り返してまとめます。

「**資料室は、社員全員の導線がよい位置に変えましょう**」

この方法は、一般的にＰＲＥＰ法と言われていますが、枠の1つ「なぜなら法」として日本語で覚えたほうが、現場で活用しやすくなります。

○ おみごと参考例

部下「資料室は、社員全員の導線がよい位置に変えましょう。なぜなら、1階や2階から、わざわざ3階の奥まで移動することが頻繁にあるからです。
具体例として、2階のエレベーター真向いの部屋を資料室にすれば、社員全員の移動時間も短縮でき、労力の軽減にもなります。そのため、資料室は、社員全員の導線がよい位置に変えましょう」

Point

「なぜなら法」で納得感を高めよう

おわりに

コミュニケーションとは「相手軸で伝える」ということ

最近、脱コロナ禍ということもあり、人との関わりが一気に増えました。
そうした中で、円滑に対人応対できないことに悩み、コミュニケーション力を高めたいという相談を受けることが多くなりました。

では、そもそもコミュニケーションとは、日本語で何と言うのでしょうか？
本文でも投げかけた質問ですね。先述した通り、みなさんまちまちな回答をされますが、いろいろ辞書で調べたところ、コミュニケーションとは、ひと言で言えば**「伝達」**なのです。

つまり、**「伝える力」を高めることで、コミュニケーション力を高める**ことができるのです。

本書で繰り返しお話ししてきたように、相手に伝えるためには、相手が聞きやすいか、相手がどう解釈するか、といった、相手軸で考えることが不可欠です。

もともと私はコミュニケーション力が低く、会社員時代は人間関係がうまくいかず、もめてばかりでした。

例えば、仕事がうまくいかず落ち込んでいる同僚に、「ここがダメだからこうすればいいいよ」と一生懸命伝えていました。

相手のためにと善意からそうしていましたが、相手にとっては、求めていないのにアドバイスをされ、かえって迷惑だというのです。

- 自分がされて嬉しいことを相手にしなさい
- 自分がされて嫌なことは、相手にしないようにしなさい学校ではこのように教えられますが、よく考えると、これはどちらも自分軸の考え方です。

こうやって自分軸で相手と関わろうとすると、コミュニケーションはうまくいきません。

そうではなくて、

- 自分がされて嬉しいことが、相手が嬉しいことなのか？
- 自分がされて嫌なことが、相手が嫌なことなのか？
- 相手はどんなことをされたら、嬉しいと感じるだろうか？

こんなふうに、**「私は」と自分を軸に考えるのではなく、相手を軸として考えると、コミュニケーションがうまくいく**ようになるのです。

例えば、「ゆっくり話す」ではなく、「相手の速さに合わせて話す」ということ。
「常に笑顔」ではなく、「相手の表情に合わせる」ということです。

こういった相手を思いやった伝え方をすることが、人間関係を円滑にするのです。
そして、人間関係を円滑にすることが、仕事の成果や、楽しく豊かな人生へとつながっていくでしょう。

最後になりますが、本書をお読みいただき誠にありがとうございました。
みなさまが、伝える技術を磨くことでさらに自信となり、より一層ご活躍されますことを心から願っています。

1分トークコンサルタント　沖本るり子

「結局、何が言いたいの？」と言われない
一生使《いっしょうつか》える「1分《ぷん》で伝《つた》わる」技術《ぎじゅつ》

2023年 7 月 31 日　　初版発行

著　者……沖本《おきもと》るり子《こ》
発行者……塚田太郎
発行所……株式会社大和出版
東京都文京区音羽 1-26-11　〒112-0013
電話　営業部 03-5978-8121 ／編集部 03-5978-8131
http://www.daiwashuppan.com
印刷所……信毎書籍印刷株式会社
製本所……株式会社積信堂
装幀者……三森健太（JUNGLE）
装画者……SHIMA

ISBN978-4-8047-1899-6